AF409593

ALE BIG MAMA

IL MERCANTE DELLA NOTTE

Il Metodo Comprovato per Scalare il Mercato Notturno Attraverso la Storia di Ale Big Mama

Titolo

"IL MERCANTE DELLA NOTTE"

Autore

Ale Big Mama

Editore

Bruno Editore

Sito internet

http://www.brunoeditore.it

Tutti i diritti sono riservati a norma di legge. Nessuna parte di questo libro può essere riprodotta con alcun mezzo senza l'autorizzazione scritta dell'Autore e dell'Editore. È espressamente vietato trasmettere ad altri il presente libro, né in formato cartaceo né elettronico, né per denaro né a titolo gratuito. Le strategie riportate in questo libro sono frutto di anni di studi e specializzazioni, quindi non è garantito il raggiungimento dei medesimi risultati di crescita personale o professionale. Il lettore si assume piena responsabilità delle proprie scelte, consapevole dei rischi connessi a qualsiasi forma di esercizio. Il libro ha esclusivamente scopo formativo.

Sommario

Introduzione

Ai tempi del Covid.19 il pianeta terra si fermò.

Sembrerà strano ma è stato proprio un virus, uno stop-forzato, a permettermi improvvisamente di vedere il mondo da un'altra prospettiva. Una battuta d'arresto mi ha regalato un'opportunità, quella di analizzare tutto ciò che mi riguarda da un punto di vista più profondo.

Difficoltà e sofferenze mi hanno portato a fermarmi un attimo, mi hanno condotto verso una riflessione in questa società dei profitti e delle performance. Tutti sanno che la storia è maestra di vita ma, oggigiorno, sembra che nessuno abbia un momentino per focalizzarsi su quella che è la propria storia.

Beh, io, all'età di 38 anni, l'ho fatto.

Vi posso garantire che è stato inaspettatamente fighissimo, soprattutto perché mi ha permesso di apprendere una cosa. Eh sì, ho capito subito che quel provare a essere felice e orgoglioso dell'integralità del mio percorso sarebbe stata la cosa più rivoluzionaria che un rivoluzionario come me potesse intraprendere. Questo libro è quindi frutto di un'introspezione, un vero e proprio viaggio tra i meandri del mio "io" pubblico e privato. Riflettendo è come se io finalmente fossi riuscito a osservare il puzzle intero nella sua bellezza, anziché il singolo tassello. Immagina il movimento di un drone che si alza in verticale per decine di metri; allontanandosi dal soggetto, permette improvvisamente di scorgere tutto l'ecosistema in cui è immerso, grazie a una visione panoramica migliore.

Tranquillo, non vendo droni, e nemmeno panoramiche, predico solo una specie di metodo con cui vivere una vita straordinaria grazie alla propria passione. Ma devo far un passo indietro. Innanzitutto, la prima parola che ti voglio dire è "scusa", scusa per non essermi presentato. Se ti dicessi che il mio nome è Alessandro Imarisio, non mi sentirei a posto con la coscienza, sì perché in effetti non mi chiamano più così dal tempo degli appelli universitari.

Dal 2004, tutti mi chiamano "Ale Big Mama" e mi considerano un "Nottambulo di professione". "Ah, ma sei tu Ale? Non so perché ma ti immaginavo un omone grosso e grasso…" – quante volte mi capita di sentirmelo dire al primo appuntamento. In realtà, anche se il nome potrebbe trarre in inganno, in questo corpo che sta "dattilografando" in maniera piuttosto impacciata, abita una persona normalmente magra, normalmente alta. Non è mica colpa mia se son nato così: non sono bello, ma nemmeno brutto, insomma hai presente il claim di RTL, "Very Normal People"? Ecco sembra fatto ad-hoc per descrivere il mio normalissimo lato esteriore.

Tutto cambia e diventa più problematico se invece devo cimentarmi nel racconto del mio lato interiore.

Parto dalla mia innata propensione a pensare che al di là della standardizzazione ci sia un "qualcosa" di estremamente più affascinante; che, a guardare oltre a quello che è considerato giusto solo perché "fa figo", ci possa esser un vero e proprio universo.

Ecco, io da quell'universo ne sono sempre stato "calamiticamente-attratto": lo volevo colonizzare.

Se ad ogni umano è associata una missione, diciamo che io ho sempre voluto agguantare e perseguire la mia. Sono stato sempre stato così fin da bambino, a volte percepivo che il modo comune di pensare non corrispondesse al mio modo di pensare.

Sono sincero, ci ho messo un po' per trovarmi a mio agio in questi panni, panni che già a quel tempo odoravano un po' di "dissidenza", di "ribellione" al sistema. Hai presente quella sensazione di sentirsi sbagliato, di sentirsi non conforme, di sentirsi non uguale agli altri? All'epoca non sapevo che un giorno avrei ringraziato Dio per avermi dato il dono di "think different", di agire "controcorrente".

In realtà è proprio lì che si è forgiata la mia personalità, è proprio grazie a quello che ho potuto raggiungere risultati inaspettati; risultati che, oggi, avendo una visione più completa e ampia del puzzle, potrei tranquillamente definire "amazing" (non c'è un paritetico termine italiano che renda così l'idea). Chi lo sa, forse è la nostra società che trasuda standardizzazione e che favorisce il nascere di un esercito di "copioni", di emulatori incalliti.

Un bel dì capii che essere differente, non omologato, unico, non era una cosa di cui vergognarsi, anzi era un'attitudine da proteggere a ogni costo. Oh, non è che adesso finirai per considerarmi un appestato? Questa non è una malattia, tutt'altro, è una peculiarità che può addirittura guidarti al successo. Nelle pagine di questo libro non solo ti confesserò i segreti che mi hanno consentito di far strada nel mondo della notte, non solo ti immergerò tra i miei aneddoti e la mia compilation di sfide. Vorrei anche aiutarti a frantumare, come ho fatto io, questo bias cognitivo che attanaglia la vita quotidiana, questa sorta di ipnosi sociale che limita e imbriglia tutti noi. Se ci pensi siamo perennemente immersi nel frastuono costante di un mondo che occlude la nostra vena creativa.

Questa società logora giorno dopo giorno la nostra originalità, impedendoci di ragionare con la nostra testa. Detto ciò, fidati di quello che ti sto per dire. In anni e anni di "full-immersion" in ambito di nightlife, io e il mio team abbiamo affinato e implementato un metodo. Un metodo che possa consentire, a chi sia nato sotto il segno del clubbing, di poter scalare il mercato, di poter monetizzare la propria passione trasformandola in un'esplosione di soddisfazioni.

Devi sapere che il clubbing, con la giusta formazione e le giuste skill, resta uno dei mercati più remunerativi del panorama odierno. A differenza di ogni altro settore è composto per un buon 90% da improvvisati, quelli che io definisco "finti imprenditori da weekend". Il che, però, non fa altro che rendere estremamente appetibile il mercato per il restante 10%. Ghiotta opportunità, non credi? Ma, prima che mi inviperisca con queste "bestie" che per decenni hanno profanato la magia del divertimento, torniamo a noi… Da oltre 20 anni lavoro nel "notturno" e negli ultimi 12, in particolar modo, ho avuto la fortuna di occupare posizioni di rilievo nei locali più blasonati d'Italia.

Non me la voglio assolutamente tirare, conoscendomi capirai che non sono proprio il tipo, ma, ho raggiunto per davvero vertici inattesi e scalato gerarchie ostili e impervie. La prima fase della mia carriera è stata la più complessa, dubbi, incertezze e poca esperienza non mi hanno reso la vita facile. Come tutti i pionieri, purtroppo, non ho avuto un'unica fonte di apprendimento che mi potesse aiutare a diventare ciò che volevo diventare. Tuttavia, ho tenuto duro e ho sempre creduto nella bellezza del mio sogno.

Una parte del mio "know-how" deriva direttamente dalla mia esperienza sui vari campi di battaglia. Un'altra parte, invece, la devo ad alcune persone che ho incontrato lungo il mio cammino, un cammino che si potrebbe davvero definire l'arte dell'incontro. Non credo troppo nel destino, ma è incredibile che molte delle persone a me care è come se fossero entrate nella mia vita per una ragione, per insegnarmi qualcosa di tremendamente importante. Proprio per questo, alcune parti di questo libro saranno in loro onore. Un modo di dire "grazie" a coloro che hanno saputo contaminarmi, rendendomi una versione migliore di me stesso.

Mi sono prefissato un obiettivo in questa vita. Rivoluzionare il mercato dell'intrattenimento, ridonando un po' di sana magia al nostro amato clubbing.

Come farò? Beh, ho un piano semplicissimo. Insegnerò ogni mio ingrediente segreto, a chiunque si dimostri meritevole, a chi abbia orecchie per intendere. Solo così potremo dar vita alla nuova generazione di imprenditori del mondo della notte, una generazione competente sia in ambito digitale che in ambito strategico.

Probabilmente starai pensando che io sia un folle utopista, lo so.

Forse hai ragione.

O forse no.

Una cosa è certa.

Non sono io ad aver scelto la "Notte", è lei ad aver scelto me.

Capitolo 1:
Come interpretare la storia del Clubbing

Sono nato nel 1982 in una stanza d'ospedale, almeno, così mi han garantito. È un dato di fatto che la "discoteca" sia nata prima di me, mica ci posso far niente. Ciò nonostante, intendo raccontarti quella che è mia personalissima rielaborazione della storia della nightlife italiana. Io sono sempre stato assetato di conoscenza, di sapere, di poter sviluppare un pensiero mio proprio.

Quindi questo primo capitolo vuol essere un mio rivisitato "tributo" al mondo della notte, a quel mondo che mi ha saputo accogliere e crescere come un figlio.

Non è mia intenzione annoiarti, quindi, a meno che tu sia un vero amante della "notte", ti invito a cambiare canale, o meglio, a passare al capitolo 2.

Innanzitutto, devi sapere che la mia lunga storia d'amore con il Clubbing inizia a fine anni Novanta. Sì, dal millenovecentonovantasette posso dire che… "io c'ero". Da quell'anno ti assicuro che non mi è sfuggito nulla, eheheh. Forse non lo sai ma, prima di essere un amante e un "praticante", sono uno studioso della notte. Ho sempre voluto una vita da eterno studente, una vita come un lungo processo di apprendimento nutrito dal lato di me che vuole conoscere ed essere competente. È fondamentale non sentirsi arrivati, sentirsi curiosi. Ecco cosa dà luce ai giorni che si inanellano gli uni agli altri.

Penso che, qualora io non fossi sufficientemente preparato sulla mia materia, beh, rischierei di non sentirmi "equipaggiato" adeguatamente per il mio percorso. Ed è proprio per questo che ho voluto documentarmi all'inverosimile sui decenni di nightlife in cui non ero ancora al mondo. Diciamo che per anni sono stato un "captatore seriale" di informazioni ed emozioni.

"Eh Ale però certi anni se non li hai vissuti non li puoi capire" – questa è una frase che ha provocato in me un'infinita carrellata di incredibili nervosi.
Ho imparato tuttavia a interiorizzare ciò che mi raccontavano, filtrandolo alla luce della mia conoscenza attuale e della mia personale esperienza. L'ho fatto tartassando chiunque avesse vissuto le emozioni di quegli anni in prima linea, in modo da poter

rivivere ogni attimo attraverso quei ricordi e quelle testimonianze che hanno resistito al passare del tempo. Centinaia di interviste, migliaia di ore passate a chiacchierare con vecchi "guru", riguardo alle loro esperienze, alle loro sensazioni.

In quei frangenti il mio cervello era una sorta di spugna, non faceva altro che memorizzare ogni dettaglio, ogni aneddoto sulle origini e sulle radici storiche di questo mondo. In primis perché la storia è maestra di vita, e poi anche perché credo che, senza un'approfonditissima "market-culture", non si possa di certo ambire alla vetta.

E io, in cuor mio, non ho mai pensato di lottare per il secondo posto, anzi, è stata proprio questa mia incorruttibile ambizione a spingermi verso questa "sete" di conoscenza. Nelle prossime pagine ti cercherò di sintetizzare questa caterva di ore di "chiacchiere"; ti immergerò in una sorta di bignami discotecario.

1. Le origini

Prima di immergerti nella movida è d'obbligo accennarti che nel nostro belpaese ci si diverte dai tempi che furono. Come ho letto sul mio personalissimo vademecum, il libro "Italian Nightclubbing", dobbiamo tornare indietro fino alla fine dell'Ottocento, quando nacquero i primi "Caffè Concerto", o "Cafè Chantant". Il primo in Italia fu a Napoli nel 1890, il Caffè Margherita. Erano locali in cui, tra tavoli e sedie, venivano offerti spettacoli di cantanti e ballerine.

Dopo il periodo dei Caffè Concerto lo scettro delle notti italiane passa in mano al "Tabarin", una sorta di night club primordiale; questo concetto di locale prevedeva già una pista, dove si ballava la musica jazz delle orchestre sorseggiando whisky&soda.
Il divertimento ha quasi un decennio di stop in concomitanza con la Seconda guerra mondiale, per ripartire con una rinnovata "voglia di ballare" per festeggiare la fine di questa crisi.

Spuntano ovunque orchestre e si balla dappertutto, nelle taverne, nelle balere, aspettando gli anni '50 dove comincia il vero "divertimento".
A Roma e nelle città più chic, come Capri e Portofino, divampa "la Dolce Vita", un modo spendaccione e smaliziato di trascorrere il tempo tra feste, aperitivi, night club e fiumi di alcol (e non solo).

Proprio così: rampolli di buona famiglia, arrampicatori sociali, bellissime donne, attori, snob ed eccentrici vari non vedono l'ora di apparire, di mostrarsi in pubblico e di spassarsela a più non posso.

Cito la Capannina e soprattutto la Bussola in Versilia, in cui peraltro ho avuto il piacere di lavorare nell'estate 2019.

Inizia poi a farsi sentire l'influenza americana, con i suoi miti spavaldi, Elvis su tutti. La città dove per prima attecchisce la nuova moda è Milano, simbolo del boom.

Giacche di pelle, juke box, brillantina, flipper e i primi locali (o meglio io le chiamerei "cantine") per ragazzi: non c'è più solo il jazz, ma attecchisce in maniera prepotente il Rock'n'roll.

I Teddy Boys sono la prima tribù, la prima sottocultura giovanile italiana. Sorrido, mentre scrivo, al solo pensiero del loro linguaggio farcito di termini americani o legati alla velocità: "Ehi pupa, mi fai andare a tutto gas" oppure "Sei una cannonata, i tuoi baci mi mettono k.o.". Poi arrivano gli anni '60 e, in un'Italia in piena trasformazione, è l'ora di scatenarsi nel clubbing più sfrenato alla ricerca del locale più cool dove sentirsi sé stessi e godersela alla grande.

Inizio a sentire dei nomi di locali che mi sono familiari, o meglio, in cui ho avuto la fortuna di poter mettere piede in quanto ancora in attività. La Mela di Napoli, l'Altromondo Studios di Rimini, il Piper di Roma dove nasce il "beat" italiano, mamma mia che storia.

E che dire del Nepentha di Milano? Un salotto d'élite per i fighettini figli di papà, la quintessenza della mondanità nuda e cruda, che poi, negli anni 2000, sarebbe sfociata in quel "traffico" di ospiti vip, vippettini, vippettoni e gossip da Novella Duemila ecc.

Si arriva agli anni '70, caratterizzati da Hippies e capelloni da un lato e dai camerati dall'altro, con i loro Rayban modello "aviator" integrati.

Qui, nascono altri locali, i cui nomi, mi sono familiari.

Ad esempio, il Big di Torino, che ha riaperto i battenti proprio lo scorso inverno; io e il mio amico Marchesini eravamo in pole position all'inaugurazione eheheh. Oppure il Carta Vetrata a

Bollate, credo il primissimo locale ideato dal mio grande mentore, l'architetto Rino Barci.

Poi si può citare il Divina di Milano, dove lavorava la mitica Big Laura, vera PR e animatrice delle notti mondane meneghine. Era il periodo del Ciak a Bologna, del Picchio Rosso a Formigine, per non parlare dell'Easy Going a Roma, una leggenda assoluta, che non può non ricordarmi il grande Marco Trani.

Storia a sé per la Baia degli Angeli.

Sì, perché, una cosa è certa, tutti i saggi del settore con cui ho chiacchierato, hanno asserito che questo è stato il vero spartiacque nella storia del divertimento. La Baia, a Gabicce, è l'archetipo delle discoteche, caposcuola del clubbing, prima unica e vera cattedrale del divertimento.

Un enorme smile luminoso all'ingresso, l'angelo della baia, un laser che sparava su un catamarano in mare su cui degli appositi specchi riflettevano i raggi laser, e poi, la consolle: in un ascensore di vetro che si sposta tra i due livelli della discoteca, alternandosi tra la pista interna e quella esterna al piano superiore. Giancarlo Tirotti, il boss, punta su un sound nuovo che lo aveva affascinato a

New York, ed è così che possiamo dare il benvenuto alla disco music. Daniele Baldelli e Mozart sono i primi italiani a mixare la disco con l'elettronica, il jazz con il rock e con il funk.

Per uno che come me ama la "notte", questo è un pezzo pregiato di antologia del clubbing.

2. La Club Culture

Qui inizia il bello, fidati. Credo di amare follemente tutto ciò rappresenta il fenomeno di crescita della "club culture" in Italia: lo ritengo incredibile. Come ti ho accennato prima, il modello di business "discoteca" ruotava attorno al concetto di grosse sale da ballo, di balere in cui si esibivano orchestre. A un certo punto, dopo alcuni decenni di successi, questo primitivo business-model è stato affiancato da una nuova corrente, un movimento che ha abbracciato la nostra penisola e che arriva dai club inglesi e americani.

Signore e signori, vi presento il nuovo sound "from Chicago": si chiama House Music!

Il "modello discoteca" improvvisamente non è più l'unico, inizia a prendere forma questa nuova forma di cultura, la cultura del Club.

Il Club è un elemento di connessione tra le persone, uno status symbol, un segno di appartenenza con un enorme potenziale comunicativo nel determinare uno stile di vita che ti distingue dagli altri. I Club creano le "tribù", o meglio io le chiamo così, adoro letteralmente questo appellativo; credo abbia molto a che fare con il concetto di community online, di cui tanto si sente parlare ai giorni d'oggi. L'unione di persone accomunate da uno stesso desiderio, da una propria visione del mondo, o mosse dallo stesso principio sociale.

Perché si inizia ad andare nei club anziché nelle classiche balere? Semplice. Per conoscersi, per scambiarsi informazioni, per innamorarsi, per ballare, per ascoltare musica, per trasgredire, per crearsi il proprio "io pubblico", per far parte di qualcosa che ti differenzi dalla massa, per sentirsi a casa, liberi di esprimersi. Una nuova musica, delle nuove forme di fruizione, insomma tutto nuovo, tutto meravigliosamente eccitante, al punto da porre le basi per un boom attrattivo del nostro settore negli anni '90.

Prima di proseguire devo avvisarti che questa distinzione tra "classic model" (discoteca classica) e "club model" esiste ancora oggi; entrambi i modelli si sono evoluti, ma sono ancora concettualmente separati, tant'è che la nostra nightlife tutt'ora aleggia fra club e discoteche, quelle che in gergo chiamiamo "locali commerciali" (etichetta che personalmente non amo particolarmente). C'è stato un solo periodo in questi 35 anni in cui pareva che i due modelli si potessero "saldare", mi riferisco agli anni '90, anni in cui i "business by night" andavano veramente a gonfie vele.

Questo avvicinamento ha funzionato talmente bene che, quando nei primi anni Duemila il mercato ha iniziato a dare cenni di flessione, tutti i player in gioco sono entrati un po' nel panico.
Nel nuovo millennio le forme di aggregazione e socializzazione giovanile sono radicalmente cambiate e il mondo della musica e del club appare un po' stagnante nelle proposte, nelle presenze e nel come è vissuto.

Ciò ha fatto sì che una fazione tornasse ad aggrapparsi al passato, alle vecchie dinamiche degli anni '70/'80, una sorta di "divertimentificio".
Un'altra fazione ha scelto di impostare una strategia volta al mero guadagno, dando vita a una sorta di "coltura intensiva" (con

l'inevitabile rischio di "bruciare" il terreno). Io, personalmente, mi sento parte di una terza fazione, che, ahimè, rappresenta solo una minoranza; parlo di quelli che hanno scelto la via più difficile, puntando sulla qualità.

È normale che chi ha sposato la ricerca e la qualità trovi innanzi a sé un percorso più complicato; peraltro, in un mercato in cui una grossa fetta era già in mano agli altri due gruppi.

3. La musica house

Stavamo dicendo che in Italia, intorno al 1986/87, arriva la house. Invidio non poco chi ha avuto la fortuna di assaporare quegli anni, chi ha potuto "respirare" la genesi di un movimento che ha coinvolto veramente milioni di persone. I primi pezzi house sono pezzi soul cantati su basi elettroniche, anche se, credimi, non stiamo parlando solo di suoni, ma di un nuovo modo di concepire la musica, di una rivelazione, di una filosofia di vita.

Si veniva dagli anni del terrorismo, non per niente chiamati gli "anni di piombo", quindi è normale che una moda così forte abbia impattato anche sul lifestyle, sul modo di vestire, e sul modo di trasgredire. Non credo esistano molti avvenimenti sociologici che abbiano la forza di cambiare uno stile di vita di migliaia e migliaia di giovani per oltre un trentennio. Eh sì, dico oltre un trentennio perché siamo di fronte a una delle pochissime forme artistiche che non è mai passata di moda, un po' come il rock'n'roll o il jazz. La musica techno, in questo periodo, sembra avvicinarsi maggiormente a un pubblico giovane, più legato all'uso di droga e ai rave party, illegali.

Al contrario, la house sembra esser riservata a un pubblico più grandicello, più fashion, con una grossa impronta gay, legata al mondo della moda.
Un po' come il diavolo e l'acqua santa in buona sostanza. La house è una musica diversa, ha un'anima che crea un legame tra i club e la gente che li frequenta, tra la moda e la trasgressione.

Sono anni speciali quelli, pieni di voglia di creare, apparire, ballare a ritmo di quella house music che pare render tutti felici, che trasmette emozioni "disco" in chiave moderna. La patria del movimento house italiano è la Riviera romagnola. Rimini e Riccione sono gli avamposti indiscussi. Dislocati in altre zone ci sono altri singoli club pionieristici, veri "ceppi autoctoni" (come il

Plastic di Milano, il Devotion a Roma o il Red Zone del mio amico Gianluca Calderozzi) ma è la Romagna la vera "Club Land" in termini di innovazione e d'avanguardia musicale. Se è vero che esistono dei luoghi magici, delle zone in cui si sprigiona un'energia che ti porta a "fare qualcosa", beh, allora in riviera quel qualcosa è, senz'ombra di dubbio... ballare.

In Romagna c'è sempre stata la tradizione del ballo, il culto del ballo; non a caso sorge in quella zona il precursore di tutto: la Baia degli Angeli (il vero Studio 54 italiano).
Nei locali a farla da padrone è l'atmosfera, come si suol dire "si crea ambiente". Basta un dj che faccia della buona musica e delle persone che, riunendosi per ascoltare quel genere musicale, possano sentirsi parte di qualcosa.

Sono i primi momenti dove anche il pubblico gay esce allo scoperto, potendosi esprimere liberamente.
Come avrai capito, la house è lo stilosissimo collante per tutto quello che, fino ad allora, era stato considerato tabù. Il pubblico, improvvisamente, sembra disposto a "spararsi" centinaia di chilometri, pur di assaporare queste nuove tendenze, sia in ambito

di moda che di musica. Ogni cosa nuova è ben accetta, è quasi una gara a chi intercetta per primo la nuova onda. Le discoteche stanno diventando dei veri set cinematografici in cui l'attore è il cliente: veri e propri ribelli che provengono da una miriade di paesini con mentalità chiusa, bigotta. Il fondersi della musica all'immagine e a un grande senso di appartenenza ha delineato i tratti somatici della nuova "mecca del divertimento".

Pensa che, in quegli anni, quando si decideva di andare in discoteca si pensava al "look" una settimana prima, dal capello, al trucco, a come vestirsi (oggi ci si riempirebbe la bocca con l'inglesismo "outfit"). Capita spesso di vedere dei clubbers con questi look incredibili che, mentre entrano a un "after" alle 6 di mattina, incrociano e strappano un sorriso a chi a quell'ora va a lavorare; sì perché seppur si tratti di persone un po' bizzarre, emanano positività con i loro trucchi e occhialoni strani.

Pare di vedere un film: Hollywood è arrivata a Riccione. Nell'88 nasce l'Ethos Mama Club, uno di quei posti destinato a restare per sempre nella storia. È il primo tempio della house music, quello a cui ogni altro club si è poi ispirato. Al comando c'è Gianluca

Tantini, con Maurizio Monti come direttore artistico, li ho conosciuti entrambi qualche anno fa bazzicando a Villa delle Rose. Nonostante l'Ethos-Mama sia una situazione molto innovativa, molto underground, c'è un sacco di bella gente, bellissime ragazze e bei ragazzi, tutti si divertono alla grande; parlo di gente trendy, fashion victim, che vestono le ultime tendenze degli stilisti emergenti.

In molti mi hanno confermato che qui, come in nessun altro posto, l'essere alla moda sia un dogma, condizione sine qua non per accedere. Si narra di Gaultier, di Monclair e di altri celebri stilisti nell'elenco dei frequentatori. E ne vogliamo parlare di un Jovanotti che si mette dietro la consolle a guardare il lavoro del dj?
Mi è stato raccontato di persone che, per venire a ballare all'Ethos Mama, prendano l'aereo da Londra e da Parigi.

Un anno più tardi inaugura invece il Cocoricò, intercettando le idee visionarie di Ferruccio Belmonte con cui, peraltro, ho stretto un ottimo rapporto. Ho persino recentemente acquistato un suo libro "Cocoricò 1991-1992" da cui ho appreso che l'iconica piramide, destinata a diventare poi cassa di risonanza e centro di diffusione di quella sua intrinseca provocazione, enfatizza la massima espressione di libertà individuale; un concetto chiave del quale la caduta del muro di Berlino è indubbiamente il simbolo. Il Cocco è cultura, ha un'identità marcata e pionieristica, guidata dalla ricerca del piacere in chiave sperimentale.

Questo locale porta in Italia un'ondata di trasgressione, una ventata nuova ed eccitante di stimoli mai percepiti, diventando un'epica dimora per artisti provenienti dal mondo intero. "Ale, non puoi capire! Al Cocoricò arrivavano nomi internazionali come Eddy de Clercq di Amsterdam, Grace Jones, Frankie Knuckles o i Daft Punk!" – mi disse Ferruccio. Esistevano veri e propri disco-treni che, assieme ad aerei, collegavano l'Italia e l'Europa a Riccione.

La direzione artistica, inoltre, intraprende qui percorsi mai battuti prima; fondendo sogni e realtà, vengono proposte sceneggiature e performance che lambiscono il mondo del teatro, della musica e delle arti visive. La sua camaleontica capacità di mutamento e adattamento gli ha permesso di affermarsi nel complesso panorama del divertimento italiano per oltre trent'anni.

Tornando al nostro percorso, è evidente che già in questi anni, molti imprenditori romagnoli, decidono di "osare". È inutile, pare proprio siano un passo avanti. Sono sicuramente i primi ad investire nell'innovazione, ad investire sui dj in un mercato laddove si era soliti puntare su un'orchestra, "modalità balera" (persino i disc jockey stranieri fanno le loro prime apparizioni italiane in riviera).

Non mi stupisce per niente che la gente inizi ad affluire a fiumi, da ogni dove, per ascoltare le nuove sonorità. Sono sempre i club della Riviera a munirsi per primi di direttori artistici e comunicatori, tutte figure fino ad allora inesistenti e che, sicuramente, hanno contribuito a divulgare il mito di Riccione e Rimini su scala nazionale. Anche l'avvento dell'animazione da palco è riconducibile all'esplosione del movimento house romagnolo.

È un vero peccato che i media e l'opinione pubblica in generale non abbiano mai sprecato una sola parola positiva nei confronti di ciò che questa rivoluzione stava apportando a livello socioculturale. In compenso, se la "demonizzazione del clubbing" fosse una disciplina olimpica, sarebbero indubbiamente da medaglia d'oro; eh sì, dall'alto si è sempre e solo amplificato il lato oscuro, il lato negativo del nostro mondo. A inizio anni '90 le pagine di cronaca nera di colpo sono per la maggior parte dedicate alle cosiddette "stragi del sabato sera"; un modo di sottolineare e rimarcate come, per colpa della movida, alcuni ragazzi ubriachi e insonnoliti si schiantano in auto contro i guard-rail. Sorge allora il movimento delle "Mamme Rock", in lotta per chiudere i locali a orari decenti e per vietare all'interno la vendita di super-alcolici.

Il limitare gli orari di chiusura porta invece al consolidamento del fenomeno degli "Afterhours" che, in quel periodo, hanno imperversato in lungo e in largo. Prende vita il primo "after" italiano, si chiama Diabolika. Precisamente il 15 luglio 1988, nella dépendance di uno dei miei hotel preferiti: il Grand Hotel di Riccione. L'evento ha come formula quella del club privato: per entrare occorre possedere la tessera e un documento di identità.

Ogni domenica mattina, dalle 06:00 in avanti, si vede arrivare al Grand Hotel la "meglio gioventù" vestita rigorosamente in abito da sera, per passare un paio d'ore nella pista di questa situazione fantastica. Sono nati gli Afterhours, eventi destinati a diventare una moda, in Italia come nel resto d'Europa, da Londra a Ibiza. Molti si presentano nel locale dopo aver ballato tutta la notte in altre discoteche, ma non solo; ci sono frequenti casi di clubbers che rimangono a casa il sabato sera, per svegliarsi presto in occasione dell'after della domenica mattina. Il locale era piccolo (400/500 persone) e restano regolarmente fuori centinaia di ragazzi. Il Diabolika non è solo il primo afterhour italiano, ma uno degli happening più mondani della Riviera.

Parlando di after, non si può non citare l'Exogroove del mitico Gabon, senz'altro una delle serate più chiacchierate di sempre. È una po' la risposta made in Milano alla Riviera, quella stessa Milano che vanta il Plastic come il suo locale più trendy. Un po' new wave, un po' dark molto gay oriented, ma senza sbandierare la tendenza.

Spero di esser riuscito a trasmetterti che l'arrivo della musica house è stato una vera e propria rivoluzione culturale, oltre che musicale. Quella rivoluzione che ha permesso a milioni di giovani di sentirsi liberi, spensierati, con un'enorme voglia di esprimersi e di divertirsi. Quella rivoluzione che ha cambiato completamente il ruolo del dj. Per me i veri dj iniziano con la musica house.

4. Il mito del dj

In Italia siamo dei pionieri per quanto concerne la centralità e l'importanza della figura del dj; mentre all'estero fungono ancora da "metti-hit" e vengono pagati quanto un barista, dai noi è diverso. Il dj diventa un divo, una rock star, improvvisamente questa figura diventa sinonimo di cultura. Prima la Baia degli Angeli (simbolo della disco music) con Daniele Baldelli e Mozart, poi dal '92/'93 altri club house, iniziano a elevare il disc jockey: è il fulcro di tutto.

Cambia conseguentemente anche l'aspettativa con cui il cliente va a ballare. Non si va più per sentire una sequenza di "hit", ma per scoprire cosa ha preparato quel dj per quella sera. Tra gli avventori si diffonde una vera e propria cultura musicale. Si inizia ad apprezzare la diversa chiave di interpretazione che un dj conferisce ai propri set, parlo di veri e propri "viaggi mentali", di emozioni.

Diventano produttori e promotori di sé stessi, mentre la ricerca del disco "Promo" diventa una vera caccia al tesoro. Dai viaggi fino a Londra alla ricerca di qualche introvabile acetato, alle folli "sgomitate" nei negozi di dischi. Queste vere e proprie icone della riviera iniziano a esser "bookkate" in veste di "Guest Star Dj" in moltissimi locali italiani. Mamma mia quanti volantini e flyer ho visto nei primi anni della mia carriera con questa enfatizzante dicitura. Girando come "special-guest", i dj non fanno altro che trasformarsi anche in "promotori" della loro musica, cosa mai successa prima in nessun genere musicale.

"Spaghetti House" è il nome attribuito a questa sfaccettatura di musica italiana, che poi ha fatto il giro del mondo, contaminandolo.

Ne parlavo proprio qualche giorno fa tra una chiacchiera e l'altra al bar Victor, in Viale Ceccarini, con Massimino, che storia.

Il termine "spaghetti" non sai quanto mi affascina. L'ho sentito per la prima volta nell'incredibile documentario "Italo House" di Maurizio Clemente, che avrò visto all'incirca venti volte, e da allora è stato amore eheheh.

L'esasperazione del mito del dj, a livello globale, ha solo fatto sì che essi si contendano le classifiche dei dischi più scaricati con i cantanti più famosi al mondo. Senza andar troppo lontano, pensa che oggigiorno sono loro, spesso, a riempire gli stadi e i grandi festival. Quelli che un tempo erano fanatici ricercatori di vinili, o tutt'al più nerd ultratecnologici, negli ultimi anni sono stati consacrati come vere star internazionali, come celebrità osannate in tutto il mondo. I loro cachet raggiungono livelli inauditi, non facendo di certo bene all'ecosistema del clubbing puro, anzi "profanandone" gli equilibri.

Ma parleremo più avanti dei problemi che hanno attanagliato il nostro amato mondo e di quella è stata la lenta e scontata involuzione settoriale dell'ultimo decennio abbondante.

Per adesso, perché tu possa assaporare i prossimi capitoli al meglio, preferirei stoppare in questo punto il mio personale racconto della storia del night-clubbing. Immaginiamo che la macchina del tempo si sia rotta e ci abbia intrappolati nel lasso temporale che va dal '92/'93 al 2005/2006 circa, quando tutto era "rose e fiori", quando si respirava l'egemonia incontrastata dei clubbers.

Affrontare i prossimi capitoli con questo mindset ti aiuterà a comprendere meglio molte mie sfumature; ad esempio il motivo per cui il mio approccio si basi tutt'ora su un'inesauribile fonte di entusiasmo; oppure il perché, visto che vivo con un enorme debito di gratitudine nei confronti della notte, io abbia deciso di dedicare gli ultimi anni a trovare delle soluzioni migliorative a livello olistico. Ora possiamo procedere al libro vero e proprio, quello che vuole un po' "spoilerare" i miei segreti e le mie teorie immergendoti in un bizzarro contesto che amo definire con due paroline: "my life". Se ripensiamo a queste prime pagine però, mi sa che potresti già esser stato in grado di cogliere alcune preziose informazioni.

Informazioni che, sì, sono legate al passato e al super-passato, ma che ti potrebbero far riflettere e ti potrebbero servire in futuro. A partire dalle primissime forme di divertimento dell'Ottocento, che potrebbero farti scaturire un semplice ma non banale ragionamento: la voglia di svago è un "evergreen", la caccia al divertimento è sempre esistita, e sempre esisterà.

Tutti quelli che predicano l'apocalisse del mondo della notte, non hanno veramente capito un cazzo. L'intrattenimento non morirà mai, perché è, da secoli e secoli, la risposta naturale all'esigenze collettiva di evasione dalla realtà, non esiste essere umano che non desideri staccare la spina dalle proprie frustrazioni lavorative. Un altro piccolo insegnamento che tu, lettore arguto, avrai certamente saputo cogliere, riguarda l'interconnessione tra le correnti musicali, le mode e la congiuntura politica. Cavolo, se ci pensi questa è un'altra ragione per la quale un clubber di professione non ha motivo di temere, di esser sfiduciato, anzi. Abbiamo assistito a dei rallentamenti bruschi del "divertimento" in seguito ad avvenimenti quali crisi o guerre, ma abbiamo anche appurato che l'industria del divertimento immancabilmente è ripartita.

E se analizzi bene la faccenda, com'è ripartita? Beh, sempre alla grande. La storia ci insegna che ogni volta che sembra prospettarsi la fine, poi si risorge, ma non solo; ogni volta lo si fa con un rinnovato spirito, con ritrovati stimoli. Ti ho raccontato dell'avvento della musica house, che diversamente da molti altri generi (meteore di pochi anni) pare tingersi di "intramontabilità" (cosa da tenere presente nel valutare su che progetti investire).

E ciò non è dettato dal caso, ma dal fatto che affondi le proprie radici in un vero e proprio fenomeno di rivoluzione "socio-culturale": la house e il suo andar a braccetto con la moda, ha radicalmente cambiato il "lifestyle" di milioni di giovani. Il reggaeton, di certo, non ha cambiato nulla. E poi ditemi che la storia non è maestra di vita.

Capitolo 2:
Come comunicare efficacemente nel 2020

C'era una volta, tra la fine degli anni '80 e l'inizio degli anni '90, un bambino di otto anni e mezzo, Sandrino, che da grande voleva fare il "venditore di idee": ero io. Una visione un po' tra il folle e l'utopistico. Eppure, ciò che faccio da sempre nella mia quotidianità è più o meno quello: sviluppo e comunico idee.

Io e il mondo delle idee siamo un po' come Tom & Jerry, solo che nel nostro caso, ci rincorriamo un po' a vicenda. Non riusciamo a star l'uno senza l'altro e, spesso, ci fermiamo a far merenda assieme. Interpreto ogni mio progetto come una storia d'amore con l'idea che l'ha scaturito, e dietro questo amore c'è passione, c'è voglia di vivere, di fare la differenza, di andare contro corrente, c'è voglia di avventure da condividere.

Nella mia vita sono riuscito a convincere tutti, anche me stesso, di essere un gran comunicatore. Mi sono auto-proclamato "comunicatore", in realtà sono solo un "sognatore" che prova a dar forma alle proprie idee per poi "urlarle" orgogliosamente al mondo;

e non importa che esse riguardino me, i miei sogni, i miei business o i business di altri. La mia vita non è nient'altro che un ingarbugliato "intreccio", una "love story a tre" in cui io sto da Dio. Conviviamo. Noi tre, non solo abitiamo sotto lo stesso tetto, ma anche nello stesso corpo: siamo io, la notte e la comunicazione. Immagina che loro siano le mie due mogli, due mogli che, seppur in maniera diversa, io amo alla follia.

Il mio amore per la notte fu un colpo di fulmine, successe nel '97; uno di quegli amori pazzeschi, di quelli in cui "faresti di tutto". Un amore a cui, anche se a volte ti fa girare i coglioni, finisci per perdonar sempre tutto perché non potresti stare senza. Ah, con lei ci ho fatto una figlia, si chiama Big Mama, ha circa 16 anni e adesso è una bellissima holding consulenziale.

Con la comunicazione, invece, è una storia d'amore differente, senza troppi "alti e bassi"; lei, seppur molto innovativa, è un po' più tranquilla, un po' meno folle, lei mi dà sicurezza. Forse non è un amore puro come l'altro, ma, mi chiedo sempre: "Come farei senza di lei?"
Insomma, avrai capito che è il mio punto fermo, il mio mantra.

C'ho fatto un figlio pure con lei… Anche se questo non era voluto. È un maschietto, è il mio orgoglio perché in lui rivedo tutto il "digital marketing" che è in me: si chiama Clubbers. Ha già quasi tre anni e sta crescendo forte come Braccio di ferro ma, anziché gli spinaci, va matto per gli algoritmi.

In realtà mi sono avvicino al marketing molto giovane, prima ancora di studiarlo all'università (ecco, quel marketing è quello che non serve).

Alla fine di questo libro, senza accorgertene, li avrai conosciuti bene entrambi.

Dai, dai seguimi che muoio dalla voglia di presentarteli.

1. Il nuovo mondo del lavoro

Siamo nel 2020 e una delle parole che sento pronunciare di più è "crisi", un nemico comune che tutti sembrano voler fronteggiare. In realtà, mica è da combattere… "Krisis" in greco significa cambiamento e, se ci pensi, sapere che una cosa sta cambiando non per forza dev'essere una brutta notizia, no? Socrate, non l'ultimo pirla, insomma, diceva che il segreto del cambiamento sta nel focalizzare la propria energia non nel combattere il vecchio, ma nel disegnare il nuovo. Eppure, gran parte delle persone là fuori firmerebbe per far restare sempre le cose così come sono. Non è colpa loro, probabilmente sono spaventate dalle trasformazioni. La normalità è tranquillizzante, il cambiamento terrorizza. Allo stesso tempo però la normalità è decadimento creativo e intellettuale, il cambiamento è evoluzione.

Siamo nel 2020 e, da un paio di anni, in effetti, stiamo vivendo una fase di mutamento sbalorditivo; non so se tu ne sia al corrente ma ci troviamo nel bel mezzo di quella che è chiamata "rivoluzione" tecnologica.
Che lo si voglia o no, era dai tempi della rivoluzione industriale che non si assisteva a una trasformazione così enfatica delle leggi di mercato.

Con l'avvento dell'industrializzazione, le leve che governavano tutto erano i capitali e la forza lavoro. E ti dirò di più… È stato così fino ad un paio di anni fa. Io stesso ho assistito alla crescita della mia azienda, Big Mama, in un periodo in cui un'impresa veniva considerata tanto più forte quanti più dipendenti specializzati aveva al suo interno. La rivoluzione tecnologica sta invece letteralmente stravolgendo questo concetto. Ora ci sono delle nuove leve che regolano il business, parlo delle automazioni, delle nuove tecnologie stesse, dei software e dei tools che sostituiscono il lavoro umano.

In Big Mama, ad esempio, non nascondo che esser riusciti ad amicarci i "chat-bot" ci ha permesso di poter far a meno di ben tre collaboratori.

È palese, più la società diventerà tecnologica e più si ridurranno i posti di lavoro. Cavolo, aveva proprio ragione il buon Galimberti, quando diceva che, improvvisamente, quello che è sempre stato il sogno più antico dell'uomo, ossia la liberazione dal lavoro, si sta trasformando in un incubo. Il fatto è che oggi, anche se decidiamo di non sposare le nuove tecnologie, ne siamo contaminati costantemente in maniera più o meno diretta.

Capisci perché ti dicevo che a mio avviso bisogna mettere da parte tutte le ideologie rigide con cui siamo cresciuti? Anche nel mondo della notte, se si ragiona seguendo gli schemi mentali che si usavano fino a pochi mesi fa, si rischia di far una brutta fine. Secondo me bisogna essere "open mind", bisogna abbracciare il cambiamento; e per farlo (come dice il buon Monty nel suo capolavoro Lavorability) ci serve una cassetta degli attrezzi più ricca, fatta di competenze, di skill, di relazioni, e di un nuovo mindset, l'unico asset che nessuno mai ci potrà portar via. Nell'epoca dell'iperconnessione, in cui è soprattutto la metodologia lavorativa a mutare, sta crescendo un nuovo filone imprenditoriale che vede la crescita personale di un individuo come una condizione necessaria per poter prosperare come imprenditore. Quasi il 60% dei brand più potenti al mondo, sono nati nell'ultimo ventennio e appartengono al mercato "tech", al mercato digitale.

Non ti fa riflettere questo dato? Insomma, la rivoluzione che è in corso si preannuncia come una delle sfide e delle opportunità più significative della nostra vita. Il fondersi del "digitale" con il mondo fisico genera mutamenti incredibili, quasi sempre positivi, se ben calibrati.

"L'intelligenza artificiale cambierà il 100% dei posti di lavoro entro i prossimi 5-10 anni" – sostiene Ginni Rometty, CEO e presidente di IBM. Una cosa è certa: chi non sarà disposto a evolvere il suo modo di fare le cose, sarà "Out of Market", fuori dal mercato, parola di giovane marmotta.

2. Che fine faranno gli influencer?

Pensare che il mondo degli influencer sia immune a questa legge sarebbe sbagliatissimo. Persino figure lavorative di nuova generazione come queste risultano quindi in balia delle onde del cambiamento. Mentre tutto muta alla velocità della luce, solo una cerchia ristrettissima di loro giungerà a un enorme successo, mentre la maggior parte scomparirà completamente dal mercato.

Solamente qualche anno fa veniva definito influencer o blogger chiunque avesse una grande audience, ora non è più così. Ora conta più solo l'influenza reale delle persone sul pubblico. Per aziende e piattaforme non è più importante chi ha cinquecentomila follower, ma chi sa condizionare davvero comportamenti e azioni dei potenziali clienti.

Oggi conta la conversione, la semplice visibilità lascia un po' il tempo che trova. Resta in auge soltanto chi ha la capacità di influenzare e smuovere più persone possibili. Chi ha il potere di indirizzare i soldi del proprio pubblico verso una direzione anziché un'altra, verso un prodotto anziché un altro. Se ci pensi, per noi del mondo della notte, è sempre stato così. A condannare la stragrande maggioranza degli influencer è bastato un niente, una piccolissima variazione delle regole del mercato. Rispetto a qualche annetto fa ora le persone dedicano molta meno attenzione, che sta diventando una risorsa rara, e quindi preziosissima. Improvvisamente agli influencer non basta più avere passione e competenze (ad esempio esser tecnicamente portati per fare video o foto). Oggi, chi vuole rimanere sul pezzo, deve per forza avere altre qualità.

Prima di tutto deve saper apportare creatività e originalità ai propri contenuti; anche perché ora, la mente umana, tra i milioni di input visivi a cui è sottoposta quotidianamente, viene solleticata solo se incappa in qualcosa che si distingue da tutto il resto. Non voglio fare il figo, ma io lo predico da sempre il bisogno di evadere dalle sbarre della standardizzazione.

Ma quanti influencer sapranno reinventarsi? Quanti saranno in grado di differenziarsi dalla massa? Pochi, fidati, pochissimi.

Un altro aspetto che prima non era di vitale importanza, ma che ora lo è, riguarda la questione del posizionamento; eh sì, oggigiorno pare che a un influencer non sia più concesso di esser generalista. Ora serve un'idea di fondo; un influencer dovrà esser abile a trasportare quest'idea differenziante nella sua comunicazione, la gente dovrà percepire che eccelle in qualcosa, o che ha fatto per primo quel qualcosa. Il "brand positioning", nel marketing, è il messaggio che si finisce per occupare nella mente della gente, insomma, il perché dovrebbe seguire quella determinata persona. Sicuramente chi è riuscito a posizionarsi come esperto in un mercato meno generico, in una nicchia, guadagnerà di più.

Valgono di più 20mila follower in uno specifico segmento di mercato, che un milione in un settore generico. Questo dovrebbe farti riflettere. Posizionarsi come esperto in una determinata nicchia, inoltre, può far sì che si possa diventare portavoce dei valori di un'azienda, mettendo la propria competenza a disposizione del brand e rilasciandola al pubblico del brand stesso.

Ai giorni d'oggi, gli influencer "vecchio stampo" non sono più credibili, la gente è stufa di incappare nelle loro "smarkettate lucrose". Esclusivamente chi ha saputo centellinare le proprie collaborazioni, selezionando soltanto quelle in linea con i propri valori, resta credibile. Sui social, oggi, ci si confronta con un pubblico più sgamato, che si sente preso in giro da coloro che promuovono tutto e il contrario di tutto, che spingono mille aziende differenti, palesando di fatto il loro lucro.

È quindi finita la pacchia anche per tutti quei fantomatici influencer che si son sempre e solo preoccupati di instaurare più collaborazioni possibili e di scattar foto bellissime, senza rendersi conto del contesto in cui stavano operando; non sono stati in grado di adattarsi in tempo al cambiamento delle dinamiche del mercato.

3. Le persone che non credono in noi

Ti è mai capitato di raccontare qualcosa sprizzando entusiasmo alle persone che ami e rimanerci male perché non hanno la tua stessa carica? O magari ti hanno addirittura buttato giù con uno di quegli odiosi "Mmh, ma sei sicuro?", oppure "Mmh, non so mica se funziona…" (invece per te può funzionare eccome).

Ti rivelo un aneddoto di moltissimi anni fa, riguardante la "guerra" scaturita con i miei genitori nel momento in cui appresero che per me il Clubbing era prioritario rispetto all'università.

Prima, lascia che io ti "sganci" un paio di informazioncine che potrebbero esserti molto utili. Il problema delle persone a noi care è che spesso non credono in noi, probabilmente per via del loro mindset conservatorio e dell'ecosistema che li circonda. Le loro risposte a volte ci "segano" le gambe. Sai perché, qualora annusino nella nostra pionieristica idea aria di "cambiamento in vista", reagiscono dissuadendoci dal realizzarla?

Te lo svelo io, risparmiandoti le noiosissime ricerche con cui, quel lunedì sera di gennaio, decisi una volta per tutte di scavare a fondo nella questione. È come se il loro cervello individuasse questo cambiamento in arrivo come un nemico, un qualcosa che potrebbe allontanarci da loro. Per me, capire questa cosa, è stato un vero toccasana. In primis perché si è fatta largo in me una consapevolezza: "Siamo gli unici a poter credere in noi stessi e nella bellezza delle nostre idee" (e fidati… buono a sapersi).

Poi, capire ciò mi ha anche permesso di poter donare un alibi ai miei adorati genitori, due esseri umani "d.o.p.". Questo alibi mi ha evitato quei nervosi che, fino a poco prima, mi assalivano a ogni loro tentativo di dissuasione dal far qualcosa.

Ma lascia che ti racconti di quando, appena diciottenne, confessai a mamma e papà la mia "non intenzione" di iscrivermi all'università per potermi dedicare in toto alla mia passione. Quella stessa passione che stava divampando dentro di me e che prendeva il nome di "clubbing". Per un attimo pensai che di lì a poco sarebbe potuto andar in onda in quella stanza una sorta di spoiler dell'Apocalisse. Beh, inutile dirti che il mio tentativo fu un fallimento, quindi con l'umore un po' sotto le suole, mi iscrissi a Economia.

In buona sostanza, per non deludere i miei genitori, mi ero appena guadagnato un ostacolo muscolosissimo, fatto di 36 esami e una discussione di tesi. Senza dover abbandonare la nightlife, riuscii comunque, arrangiandomi in qualche modo, a laurearmi nei tempi "giusti" e con ottimi risultati. Ma, a cosa servì? Ora ve lo posso dire, servì davvero a poco, semplicemente perché non era ciò di cui avevo bisogno in quel momento.

Col senno di poi però, lo scoglio universitario riuscì solo a farmi leggermente rallentare nell'inseguimento del mio sogno imprenditoriale.

Per carità, una laurea a curriculum di certo male non può fare, ma credimi, è deprimente constatare quanto poco mi abbia lasciato quell'esperienza, rispetto a quanto mi ha dato la "notte", mia vera palestra di vita. Il mio rapporto con la formazione scolastica, insomma, non è mai stato idilliaco, seppur la mia media dell'otto al liceo o la laurea con il massimo dei voti sembrerebbero dire il contrario. Io e questo "sistema" non ci siamo mai stimati o più semplicemente, non ci siamo mai capiti. Perché il sistema formativo italiano ti insegna poco o niente sul fare business, sull'imprenditoria, su ciò che conta veramente?

C'è questa assurda credenza che la scuola e l'università ti mettano nella condizione di guadagnare nella vita e costruire il tuo futuro. Niente di più sbagliato a parer mio. L'obiettivo di scuole e università non è quello di focalizzarti sul tuo reddito futuro, ma quello di rispondere a una domanda di mercato. Come tutti gli altri mercati, anche quello del lavoro è regolamentato dalla legge della domanda e dell'offerta.

Da un lato c'è una domanda di lavoratori e di professionisti mentre dall'altro ci sono aziende che provano a soddisfare questa domanda di mercato. Quali aziende? Le istituzioni che si occupano della formazione. Non so se ti sia chiaro ma l'università non è altro che un'azienda privata o pubblica che costruisce e plasma "prodotti" per rispondere alla domanda del mercato del lavoro. Questi prodotti sono gli umani che frequentano le università stesse. Non so te, ma a me provoca abbastanza ribrezzo tutto ciò. Questa sensazione di esser tutti un po' strumentalizzati mi genera un'orticaria accelerata di sesto livello. I professionisti sono i prodotti del mercato del lavoro mentre le attività imprenditoriali sono i player che acquistano questi prodotti.

Ed è grazie a questa consapevolezza che i panni del professionista iniziarono improvvisamente a starmi stretti: volevo essere un imprenditore. Le prime università avevano nobili principi, uno su tutti l'obiettivo di diffondere sapere, cultura e filosofia, ma poi con l'industrializzazione iniziò una metamorfosi. Il sistema educativo diventò propedeutico per la creazione di "lavoratori-oggetto" sempre più specializzati, che rispondessero alle esigenze del mercato. Ed è stato così fino praticamente ai giorni nostri.

In un sistema del genere le aziende e gli imprenditori passano per "lucratori" per schiavisti che cercheranno di spuntare un prezzo sempre più vantaggioso riguardo al compenso del dipendente. I lavoratori invece che faranno? Semplice. Tenderanno a "sbattersi" il minimo indispensabile per la propria azienda. Si limiteranno a fare il "compitino", il minimo indispensabile per giustificare il loro stipendio. Il "ma chi me lo fa fare" e il guardar l'orologio in continuazione per vedere quanto manca a fine giornata sono prassi comune nella società odierna. Ecco il motivo per cui, in questo stupido sistema imprenditoriale, si finisce per registrare un enorme problema in termini di efficacia e di efficienza.

Se vogliamo sprigionare la forza creativa dando sfogo al massimo potenziale dei nostri collaboratori dobbiamo responsabilizzarli, a costo di dar loro qualche premio al raggiungimento di certi obiettivi. Devono inseguire un goal insomma, combattendo come se l'azienda fosse la loro.

In Big Mama, da un sacco di anni, ragioniamo un po' così, tutti sanno che se le cose vanno bene "ce n'è per tutti".

Non a tutti i collaboratori, ovviamente, si può lasciar piena libertà e piena responsabilità, ma non appena capiamo che ci si può fidare lo facciamo.

Da sempre io ho cercato di insegnare loro i fondamentali e i trucchi del mestiere, cercando di accrescere le skill di ognuno al massimo. Poi, da quando ci siamo strutturati, non sono più solo io a insegnare. Ora si può dire che è il sistema interno di Big Mama che forma a cascata i nuovi collaboratori. Quando qualcuno ci dimostra di valere e denota fedeltà, facciamo un ulteriore step, offrendogli l'opportunità di avere vere e proprie quote progettuali.

Come magari già saprai, molti dei miei "club project" li porto avanti in società con alcuni dei miei fedelissimi. Questo è un premio che permette di responsabilizzare al massimo il singolo collaboratore. Oltre a gratificarlo economicamente, ci permette di triplicare l'efficienza produttiva. In Italia siamo tra i pochi a farlo, e penso che i risultati parlino chiaro.

4. Il superpotere della Passione

Quando ci penso, finisco per ritenermi davvero fortunato: lavorare di notte per me è il lavoro più bello del mondo. Parlando con la gente noto che sono all'ordine del giorno stress, afflizioni e frustrazioni derivanti da un lavoro non appagante.

Non riesco nemmeno a immaginare di poter far per tutta la vita un lavoro che non mi gratifichi per davvero. Non ce la potrei proprio fare, caro mio. Anche perché le ore dedicate al lavoro occupano una buona parte delle nostre giornate, senza calcolare che, spesso e volentieri, si finisce per portare a casa i pensieri lavorativi.

Proprio così: il lavoro, salvo rare eccezioni, contamina anche la vita privata delle persone, il loro livello di felicità.

E poi c'è un'altra cosa da dire; chi ama il proprio mestiere, tende a essere più costante nell'inseguimento delle proprie mission.

Questo è ovvio in quanto la passione si trasmette in carica, quella carica che ti fa scendere dal letto col piede giusto, quella carica che sfocia in adrenalina ed energia pura. Quel gas vero che, squalificando il vettore della fatica, non fa altro che avvicinarti ai traguardi e alle soddisfazioni. Il fatto di non sentire la fatica, qualora si riesca a miscelare passione e lavoro, è una delle fondamenta del successo.

È poi risaputo che nella vita ce la fa chi si allena di più, non chi ha un dono naturale: la perseveranza e la voglia possono annientare ogni sorta di predisposizione innata.

Quelli che vincono hanno tutti il fuoco dentro, quell'ardore che li fa trottare il doppio degli altri; del resto un conto è sbattersi per qualcosa che ti stimola, per qualcosa che ami, un conto è doverlo fare perché è un ordine. Ecco perché ritengo che la passione sia qualcosa di essenziale nel business, non raccontatemi che Steve Jobs, o Elon Musk o Bill Gates non sono tremendamente innamorati di ciò che fanno. A volte resto deluso nel constatare che molti studenti seguono percorsi specifici per motivi sbagliati, come il denaro o il prestigio. A mio parere questi giovani non faranno mai carriera.

L'unico modo per avere una carriera potente è usare la risorsa più rara al mondo, il proprio tempo, per far ciò che più ti piace. A cosa serve diventare ricchi a 60/65 anni dopo aver passato una vita d'inferno perché si faceva un lavoro non gratificante? A quell'età non si ha nemmeno più la grinta per potersi godere i soldi accumulati. Non pensi?

Mi fa sorridere quando sento qualcuno chiedermi come si trova la propria passione, ahahah. Sai cosa afferma Jeff Besoz? "You don't choose your passions, your passions choose you!" – credo di esserne la testimonianza vivente, del resto: non sono io ad aver scelto la notte, è stata la notte ad aver scelto me. Spesso, durante il mio percorso, mi sono lanciato in business che ritenevo interessanti, ma poi, la vita mi ha sempre riportato al grande ovile del clubbing. Ti racconto questa, ma solo se mi prometti di non ridere di me, eheheh. Nel 2014, non chiedermi come, ma mi son trovato a vendere costumi da bagno, da donna tra l'altro. Non scherzo, mi ero buttato in questa attività assieme alla mia fidanzata e ad Adriano, il titolare dell'azienda Mirtylla, appunto. Eheheh, cosa non si fa per amore.

Nonostante i risultati più che discreti, la cosa non durò molto ovviamente: direi che la mia passione era tutt'altro, nonostante alcuni cassetti di camera mia strabordino ancora di confezioni di bikini. Un altro aneddoto simpatico riguarda da vicino la mia esperienza con il "lavoro da dipendente". Ero un neomaggiorenne, a caccia di un lavoretto da tirocinante. Una mia amica, Barbara, un bel dì mi assunse senza troppi colloqui; era una con le palle con tre aziende di famiglia e un Carrera S sotto al culo.

Ero ufficialmente un dipendente della Ice Srl. Non ti nascondo che il primo giorno d'ufficio ero tremendamente su di giri. Bene, vuoi sapere come è andata? Sono durato 3 mesi, ma in realtà mi erano bastati 3 giorni per capire che quella vita non faceva per me, non era quello che volevo. Spiegai questa cosa alla mia amica, ringraziai tutti e me ne andai. Non reputo queste avventure dei fallimenti veri e propri, anzi. Credimi, ogni esperienza, qualora si riesca a farne tesoro, può servire. Io ad esempio ho imparato a conoscermi meglio, scoprendo così la mia allergia alle auto-imposizioni.

Eh sì, direi proprio che non sono programmato per stare alle dipendenze, ahimè tutta colpa del mio spirito ribelle. Già le scuole dell'obbligo, per come sono fatto, faticai a digerirle. Un sacco di imposizioni, un sacco di regole che non piacevano a nessuno, ma chinavamo il capo in segno di resa e accettavamo la realtà delle cose. Ecco, nel corso di questi anni e con il sopraggiungere dell'età adulta, ho deciso di alzare la testa ma non solo verso il sistema scolastico, ho deciso di farlo verso il mondo intero.

Ho deciso di scegliermi. Scegliere per me. Scegliere me. Abbiamo passato gli anni più belli della nostra vita a permettere che altri scegliessero qualcosa per noi. I maestri ci hanno detto cosa studiare, i genitori chi frequentare e come vivere. Grazie a Dio la mia indole ribelle a un certo punto ha detto "no". Sottostare a questo sistema non faceva per me, sentivo di voler vivere senza briglie, del resto non era dando retta agli altri che avrei potuto disegnare la vita che sognavo. Da allora, non accetto più nemmeno che mi si dica a che ora devo svegliarmi al mattino. Alt. Mi alzo regolarmente alle 6.30 del mattino, ma questo non di certo perché è qualcuno a impormelo.

Negli ultimi anni ho lavorato come un matto, avrei potuto sfidare anche l'instancabile Stachanov, mi sa. Ho saltato ogni festa comandata finché gli obiettivi non sono stati raggiunti, non mi è mai mancata la perseveranza. Ma, anche in questo caso, lo facevo per me, perché ero io a desiderarlo.

Ti confesso una cosa: non sono mai riuscito a capire perché dovrei lavorare per qualcun altro, quando potrei usare il mio cervello, le mie abilità e le mie passioni per dar vita a qualcosa di mio.

5. Inventarsi un lavoro

Ho sentito lo zio Monty dire più di una volta che una delle leggi fondamentali del marketing identifica una categoria precisa in cui l'imprenditore è da solo, è un apripista, un pioniere ed è per ovvi motivi il migliore. A me è capitato così, iniziai per gioco; di lì a poco però quel gioco si trasformò in un modello di business che fino ad allora non esisteva. Non dimenticherò mai che il mio lavoro è diventato tale perché, giocando, mi sono accorto che avrei voluto continuare a farlo per sempre. Ricordo bene che le prime festicciole studentesche che organizzavo a fine anni '90 erano un mix di soddisfazioni e divertimento. What else?

Noi giocavamo per il piacere di giocare, agivamo con quella sfrontatezza di chi, ingenuamente, osa, azzarda, perché non teme di sbagliare. E come per magia, quando non si è mossi dal "dio denaro", ma per la pura passione… Boom. Da quel dì, nell'affrontate qualsiasi progetto, una vocina fuori campo ha iniziato a suggerirmi: "Ale, non dimenticarti mai di giocare". Solo osando ed inseguendo un sogno si può esser dei veri pionieri.

Solo un pioniere può inventarsi una propria categoria lavorativa. A noi è successo pressappoco così. Vuoi mettere che sballo non dover sopportare una competizione perché si fa un campionato a parte? Il vantaggio dato dall'essere il primo è "big", "bigghissimo", in quanto se un giorno qualcuno ti dovesse emulare (e ci sta) dovrà confrontarsi con te in un mercato che è tuo. Dovrà stare alle tue regole, che conosci come le tue tasche perché le hai create tu. Posso farti diversi esempi che mi sono capitati per farti comprendere questo concetto. Nel 2007, iniziai a postare sui social "aftermovie" dei miei party con una vera e propria regia video. Nessuno, in quel periodo, si sarebbe sognato di investire in "crane" e in "droni" per fare inquadrature dall'alto, in voci narranti e attori per interpretare e dar vita a storyboard complesse.

Erano anni in cui i nostri competitor a malapena valutavano l'ingaggio di un videomaker da duecento euro. Dopo qualche anno

in tanti si ispirarono, ma ormai il mercato aveva decretato il verdetto: eravamo noi "quelli dei video fighi delle serate".
Nel 2014, invece, decisi che di lì a poco, avrei stravolto il nostro modo di comunicare, cambiandone radicalmente sia focus che prospettiva.

I nostri party non dovevano più esser pubblicizzati in maniera diretta, volevo un mood comunicativo più incentrato sul dietro le quinte. Fu così che, in un mercato in cui tutti divulgavano i loro eventi tramite classici flyer e grafiche standard, noi iniziammo ad immergere il pubblico nelle nostre routine settimanali. Era un marketing più umano, questo, una comunicazione che lasciava trapelare la passione con cui preparavamo le nostre feste, l'amore per il nostro mestiere. Ricordo che ammettevamo i nostri errori e, a volte, chiedevamo persino dei consigli ai fan. Tutte cose che oggi potrebbero sembrare normali, ma credimi che 8 anni fa non lo erano affatto. In un mondo in cui tutti comunicavano "one to many" noi azzardammo una comunicazione "one to one".

Per noi era fondamentale trovare il contatto umano, un approccio vero con i clienti; parlare con una persona a livello di scoperta dei problemi che stava affrontando, delle paure che stava vivendo, dei sogni che aveva nel cassetto, poteva esser una vera svolta.

Un sacco di malelingue non immaginavano che la mia scelta, azzardata, avrebbe potuto funzionare (anzi ricordo che molti mi prendevano addirittura in giro).

Ma nel momento in cui il mercato premiò la mia intuizione tutto cambiò. Furono in tanti non solo a ricredersi, ma a produrre contenuti che "scopiazzavano" il nostro nuovo stile comunicativo. Lì per lì l'esser emulato mi infastidiva parecchio, devo esser sincero, ricordo addirittura qualche mio sfogo su Facebook. Sta di fatto, però, che tutti questi "copiatori incalliti" decisero di competere nel nostro territorio, dove le regole e i parametri li avevamo stabiliti noi. I fatti testimoniano che il successo bacia gli originali e squalifica le copie.

6. Oggi van di moda i decision maker

Anche se ti sforzi non puoi capire quanto io detesti gli indecisi, quelli che per ogni cosa si pongono millecinquecento domande. La mentalità dei "se" per me è la più grave malattia che attanaglia il business, il marketing, ma anche il mondo in generale.

"E se poi non funziona?", "E se non ce la faccio?" – credo che domande come queste possano esser sintomatiche di quanto timorosa e poco sicura di sé sia la nostra società.

Nel mondo del clubbing, a tal riguardo, ho constatato una cosa interessante. È incredibile come, in fase di start up progettuale, si tenda esclusivamente a seguire alcuni cliché pre-esistenti, i cosiddetti modelli vincenti.

Mi fa sorridere come prima si cerchi "sicurezza" emulando i progetti altrui, e poi ci si lamenti del fatto che a guadagnar siano sempre i medesimi. Beh, posso capire un po' di sana precauzione, ma non bisogna neppure cadere nel detto "fasciarsi la testa prima di… (iniziare un progetto)". Mi stupisco che qualcuno non arrivi a capire che per conquistare un mercato si debba rischiare, innovare. Invece, ahimè, è come se si sperasse di avere un rendimento alto senza rischiare nulla. In realtà in nessun settore, nemmeno nel magico mondo della notte, si può avere la botte piena e la moglie ubriaca.

Nel mondo del marketing, nel mondo della notte e quindi anche nel mondo del marketing notturno, gli eterni indecisi non vanno più di moda. In questa era saliranno in auge i veri "decision maker". Basta temporeggiare, basta cercare la decisione perfetta.

La decisione perfetta, ammesso che esista, ti farà perdere tanto di quel tempo che non te lo immagini nemmeno. E quando finalmente ti deciderai, sarà tardi.

Qualche settimana fa, a Riccione il mio amico Bardo mi ha detto una frase che ricorderò a lungo: "La velocità di decisione fa la differenza". Un manager che riesce a esporsi, prendendo duemila decisioni e sbagliandone trenta, è molto meglio di un manager che ne prende cento senza sbagliarne una. Se invece tentenni, avvolto tra le tue incertezze, stai pur tranquillo che i tuoi obiettivi resteranno sempre lontanissimi. In questo capitolo, dopo averti illustrato il mio rapporto amorevole con la comunicazione e con la notte, ti ho messo a conoscenza di quello che è il contesto odierno del mercato, se terrai a mente alcune di queste nozioni, ti potranno esser utili nella difesa personale dei tuoi business.

Ho parlato della rivoluzione tecnologica, che negli ultimi due anni sta radicalmente stravolgendo le regole del mercato del lavoro; di come sia molto più intelligente "cavalcarla" anziché combatterla.

Abbiamo visto che nenche l'influence-marketing è immune al cambiamento e, a tal proposito, ti ho confidato quale potrebbe esser l'unico "jolly" che un influencer potrebbe giocare per non esser spazzato via dal mercato.

Poi, sempre al fine di preservare l'incolumità dei tuoi affari, ti ho voluto mettere in guardia, anzi, ti ho consigliato di prendere con le pinze, queste sottospecie di "bias cognitivi" della mente umana:

1) Perché le persone che ti vogliono bene, spesso, non ti possono dare i giusti consigli lavorativi.
2) Perché il sistema universitario non è volto, come erroneamente si potrebbe pensare, alla massimizzazione futura dei propri guadagni.

Ti ho parlato inoltre di come io abbia avuto qualche problemino relazionale con le auto-imposizioni. Ahimè, odiavo leggere i libri che mi venivano ordinati dai professori e neppure il corso di laurea sembrava entusiasmarmi. Questo non significava che fossi uno stupido, anzi. Cercavo semplicemente di eludere il sistema, fino al punto di inventare una mia categoria lavorativa, un lavoro che prima non esisteva.

Infine, ti ho spiegato perché la passione e il fatto di essere un "decision maker", al giorno d'oggi, siano da considerare dei veri e propri "superpoteri imprenditoriali".
Del resto, fidati, anche nel mondo del lavoro conta quanto cuore ci metti.

Capitolo 3:

I miei segreti e le mie contaminazioni

Mi sono letteralmente tuffato dentro me stesso per andar a caccia di tutti quei segreti che, nel corso della mia carriera "by night", mi hanno permesso di scalare il mercato; quelli che hanno saputo rendere più appassionante la mia corsa verso quelle mission che, pian piano, si son fatte sempre più ambiziose.

Ho imparato nuove e importanti lezioni durante questo viaggio chiamato vita, lezioni che mi hanno maturato e rivoluzionato.

Sì, hai capito bene, è possibile ambire a una versione di sé stessi incredibilmente evoluta, riuscendo a hackerare i propri limiti. All'inizio non ero convinto, ma poi ho pensato che la cosa giusta da fare sarebbe stata quella di mettere questi segreti a disposizione di tutti coloro che, assetati di miglioramenti, mi hanno sempre seguito in ogni avventura.

Ordinando e censendo i miei appunti mi sono reso conto di come tutti questi "segreti" derivassero principalmente da due distinte fonti d'insegnamento: una più esperienziale e una più di "mentoring", più relazionale. La prima è frutto delle mie esperienze sul campo, degli errori che ho commesso, delle intuizioni che ho avuto, in questo quarto di secolo.

La seconda, invece, è come se mi fosse caduta dal cielo: mi riferisco a persone in carne e ossa che, precipitando nella mia vita, sono riuscite a impreziosirla con impagabili insegnamenti.

Come ti avevo già accennato, la mia vita è stata davvero l'arte dell'incontro, l'arte delle relazioni, pubbliche e private. Da quale vuoi che io inizi?

Ah già, dimenticavo che non puoi rispondere. (Eheheh, i limiti dei libri, questi strani e arcaici metodi comunicativi ahahah). Decido io, dai, si parte dall'ultima, quella riguardante queste "very important people" piombate sul mio cammino per caso.

Alla luce del fatto che la mia vita sia incentrata attorno alla parola "contaminazione", ecco, vorrei svelarti come queste persone siano quelle che più han saputo influenzarmi positivamente.

In un mondo in cui tutti sembrano soffermarsi più che altro sugli aspetti negativi delle cose, io ho sempre cercato di vivere il più possibile individui e luoghi capaci di contaminarmi positivamente.

Solo analizzando e rielaborando queste contaminazioni si possono ottenere dei veri e propri insegnamenti. Prima di procedere, vorrei ti fosse chiaro che metter in pratica queste nuove lezioni di vita, queste nuove competenze, non è affatto scontato o semplice. Per evolversi non basta la forza di volontà, bisogna crederci fino in fondo, bisogna volerlo fortemente, solo a quel punto ci si potrà approcciare alla vita in modo differente.

Una cosa è certa: vuoi mettere quanto è figo, giorno dopo giorno, insegnamento dopo insegnamento, veder crescere la propria personalissima biblioteca delle skill? Non pensare che il successo derivi dalla fortuna, né dalla storiella del trovarsi al posto giusto al momento giusto. L'80% delle persone che han fatto carriera non son "figli di papà". Il successo riguarda la trasformazione della propria persona e l'acquisizione di nuove competenze.

1. La doccia ghiacciata e il nuovo "io"
(dedicato al vecchio Churh)

Era il 2017 da una ventina ore, lo ricordo bene perché era il compleanno di Momo, l'unico che conosco che ebbe il coraggio di venir al mondo il primo di Gennaio. Mi trovavo in una hall d'hotel, a Strasburgo, dove soggiornavo da qualche giorno. La mia fidanzata era rimasta in camera, mentre io ero sceso, per sbrogliare quella manciata di chiamate d'auguri del "day-after". Stavo dunque chiacchierando con Filippo Marchesini quando, sbaaam, scattò una scintilla. Non so perché o per come: successe e basta. "Fil ho deciso che da domani cambio vita!" – gli dissi.

Lui rise. Probabilmente in prima istanza assorbì la mia frase come il più classico dei buoni propositi per il nuovo anno, destinato a impolverare nel dimenticatoio.

Non andò così. Da quell'istante la mia vita assunse una piega completamente diversa. Vedi, fino ad allora avevo vissuto una crescita lavorativa costante nel tempo, però, contemporaneamente, avevo il sentore di esser giunto al culmine del mio livello produttivo.

Più di così non potevo lavorare, più di così non potevo guadagnare, cavolo, hai presente quella sensazione di "spaesamento" che si avverte quando si finisce un videogame? La dopamina cala e, anche se si volesse andare oltre, non è consentito. Tra l'altro venivo da un Dicembre davvero "amazing" a livello di business. La mia Suite aveva registrato gli incassi record di sempre, il Catshow del 23 Dicembre fu da "guinnes world record", e pure lo Zettel ci stava girando da paura.

Eppure, imprenditorialmente, non potevo non assecondare quella mia volontà, mai doma, di continuare a scalare il mercato. Ma come facevo, visto che la crew "Big Mama", in quel momento, era giunta al limite?

Ripeto stavamo rasentando la saturazione della nostra capacità produttiva; anzi, a dirla tutta, eravamo già in "fuorigiri", vivevamo a mille all'ora e, quel ritmo, non avremmo potuto tenerlo per molto. Insomma, avvertii la sensazione di esser intrappolato come un criceto quando corre sempre più forte sulla sua ruota; mi sentii improvvisamente vittima di questa società dei profitti e delle performance.

Ecco perché decisi di cambiare vita. Lo feci per davvero. Agganciai la telefonata con Filippo e mi licenziai con un sms dal Fellini, locale che dirigevo da oltre 10 anni, lasciando tutti sbigottiti. Necessitavo libertà e un po' di tempo per me, per ricentrarmi, per ricalibrare la mia bussola imprenditoriale. Mentre mi giravo e rigiravo nel letto insonne, quella stessa notte mi vennero in mente le parole pronunciatemi da un concierge d'hotel l'estate prima. Lascia che ti racconti quell'episodio con questo flash back, in quanto si è rivelato determinante nella mia vita.

Mi trovavo in riviera, facevo la stagione a Riccione, il paese dei balocchi per un "mercante della notte" come me.

Ore 7:30 di mattina, rientravo in hotel, reduce dall'ennesima serata alla Villa, luogo maledettamente magico. Sarebbe stato un delitto non far chiusura anche quella notte. (Beh, ma se non hai mai visto l'alba che bacia la collina di Misano... chettelodicoaffà). Mentre sorseggiavo il mio "American Coffee" della buonanotte, mi persi in chiacchiere con Marione, il receptionist, ormai eravamo grandi amici.

Cianciavamo riguardo a quanto fosse stupenda, ma allo stesso tempo faticosa, la vita di chi, come noi, avesse scelto la notte come stile di vita.

Ero parecchio stanco quella mattina, ma non al punto di non memorizzare una piccola informazione; informazione a cui, lì per lì non diedi troppa importanza, tant'è che la appuntai in una nota del mio iPhone e nulla più. "Ale ma perché non vai dal vecchio Church?". Marione mi parlò così di questa sorta di eremita moderno, noto per esser riuscito, con i suoi metodi, a "switchare" la produttività di diversi imprenditori, aprendo loro la mente e rendendoli di successo.

Ecco, ora possiamo tornare a noi, a Strasburgo. D'improvviso potevo dare un senso al mio continuo girarmi e rigirarmi tra le lenzuola; eh sì, andai subito a cercare quella nota digitale e con gli occhi sgranati per la troppa luce del display, la agguantai.

Cito testualmente il mio appunto: "Per consulenza con il vecchio Church (Cuneo), chiamare Vanni +39347…". Il mattino seguente avevo già il mio appuntamento prenotato. Una parte di me era ancora scettica, del resto, mica potevo immaginare che quella persona avrebbe stravolto il mio mindset. Qualche settimana dopo raggiunsi il domicilio di primissima mattina, era un lunedì freddissimo e, sui bordi delle strade, c'era un residuo di neve.

Mi aspettavo uno scenario un po' più fiabesco a dir la verità; va a sapere che film s'era fatta la mia mente. Probabilmente, essendomi stato presentato come un eremita, mi ero immaginato che vivesse tra i boschi in completa pace coi sensi, modalità "vecchi saggi di montagna". Invece Google Maps non riscontrò alcun problema a trovare il suo cascinale, tra le bianche colline del cuneese. Mi accolse lui stesso, un signore attempato, sulla sessantina, devo dire molto cortese sin da subito. Mi fece accomodare nel suo studio e mi offri un thè caldo. Il mio scetticismo svanì alle sue prime frasi e l'empatia mi incollò letteralmente a ciò che andava dicendo.

"Fai quello che hai sempre fatto e, se ti va bene, otterrai ciò che hai sempre ottenuto", "Solo facendo cose non ordinarie si possono ottenere risultati straordinari". Mi fece ragionare. Mi aprì gli occhi. Appresi che, per poter esser più produttivo, il cambiamento sarebbe dovuto partire da me, dalle mie abitudini, dalle mie routine. Ti posso garantire che l'amplificarsi delle mie consapevolezze, già nel viaggio di ritorno, mi fece sentire diverso.

Improvvisamente ero in fibrillazione, fremevo, non vedevo l'ora di applicare sul mio "io" tutto ciò che avevo udito. Mi aveva illuminato sul fatto che ogni imprenditore potrebbe tranquillamente raddoppiare le proprie performance lavorative solo mettendo in pratica l'antica locuzione latina "mens sana in corpore sano". Con un secondo step, poi, si sarebbero potute anche quadruplicare, integrando la meditazione. Quintuplicare con ulteriori tecniche riguardanti la respirazione e i cicli del sonno, ecc. Mi fece testare in diretta uno di questi esercizi di respirazione e, che dire: era micidiale. Dedussi in quattro e quattr'otto che il vecchio Church era uno che la sapeva lunga. Ricordo che una cosa mi colpì in particolar modo, fu il dictat della "doccia ghiacciata", o meglio il consiglio di seguire il corso online di Wim Hof, un olandese conosciutissimo come "l'uomo-ghiaccio".

Mi spiegò che "Wim Hof Method" era un training per entrare in contatto con il freddo senza paura. Tra i numerosi benefici questa tecnica permetteva di agire sull'amigdala, per migliorare l'approccio con cui si affrontano i problemi. Tornai a casa felice, mi sentivo ricco dentro. La mia mente prosperava di idee e riaprì uno spiraglio di speranza per la mia scalata di mercato.

Una cosa mi era chiarissima. Prima di ributtarmi a capofitto nel tram-tram del business avrei dovuto lavorare un bel po' su di me, avviare un processo di upgrade interno. Già mi strofinavo le mani immaginando questa versione potenziata di me stesso. Ero pronto a trasformarmi in una vera iena in ambito business: più caparbio, più centrato, più forte mentalmente, ma sempre col mio solito coltello tra i denti. Fu così che misi il mio corpo sul "banco prova" e intrapresi un iter di ingegnerizzazione attitudinale. Stavo sfidando me stesso, o meglio la vecchia versione di me stesso, accogliendo nella mia routine alcune abitudini per gestire lo stress, essere più organizzato e in definitiva più spensierato.

Sicuramente la meditazione, la doccia fredda, l'esercizio fisico nella natura e lo studio in deep work con le onde alfa in me hanno stra-funzionato. Ho migliorato il mio life-style, ma soprattutto ho moltiplicato la mia produttività. Una bomba atomica. Inoltre, se consideri che ho pure insegnato questi stratagemmi ai componenti più perspicaci del mio team, capisci quanto questo effetto moltiplicativo possa esser esponenziale.

Tra i vari segreti che ti ho promesso, questo è uno dei più importanti, in quanto il potenziamento psico-fisico è propedeutico a tutto il resto. In sostanza, se metti in pratica questo insegnamento con costanza e dedizione, sarà un enorme amplificatore per tutte le altre skill che ti andrò a raccontare di qui a breve. Una sorta di effetto compound.

2. Il porto d'armi per lo storytelling
(dedicato all'architetto Barci)

Pochi mesi fa, all'età di 76 anni, è venuto a mancare uno dei più grandi interpreti del mondo della notte: l'architetto Barci. Ero con lui sino a pochi giorni prima, quindi, alla notizia, mi si è gelato il sangue. Stavamo insieme dando vita all'ennesimo locale, all'ennesima avventura, stavolta in quel di Piacenza.

In verità Rino mi aveva confessato che questa sarebbe stata la sua ultima opera, la cinquecentesima per l'esattezza; eh sì, devi sapere che lui era il mago della scalabilità, era riuscito a replicare il suo "modello di locale di successo" 500 volte, dando vita ad altrettanti successi. Era soddisfatto della propria vita, una vita che, credimi, tutti avrebbero desiderato vivere.

Non era un semplice visionario, né tantomeno un semplice realizzatore seriale di discoteche. Per me quest'uomo ha rappresentato molto di più.

L'architetto Barci è stato il mio vero mentore, un connubio di "genio e sregolatezza". Se sono arrivato fin qui, lo devo principalmente a lui. Ridacchiava quando lo chiamavo "maestro"; ultimamente mi ripeteva spesso che ormai, da buon allievo, lo avevo superato. In realtà… Solo Dio sa quante cose ho imparato da lui. Ti sto per raccontare parte dei segreti che in vent'anni ho appreso da lui e che, tutt'ora, colleziono con vanto. In primis mi ha trasmesso la propensione all'innovazione. Stravolgere le regole, osare e innovare, ecco i tre ingredienti che avrebbero permesso a chiunque di avere una carriera degna di nota nel clubbing.

Secondo Rino il mondo della notte era composto da cinque categorie di persone. In ordine qualificava gli innovatori, i visionari, i pragmatici, i conservativi e gli scettici.

Gli innovatori per lui erano veri e propri sperimentatori, che si entusiasmano all'idea di provare cose nuove.

"Vedi Big, noi dobbiamo sempre essere i pionieri, sempre. A costo di pagare dazio qualche volta".

C'erano poi i visionari che, a detta sua, non erano tecnici come gli innovatori ma avevano piuttosto l'occhio lungo in fatto di avanguardia. Oggi li definiremmo "trend-setter", in quanto possono influenzare altre persone, grazie al loro status o alla credibilità di cui godono. "Queste sono le nostre prede migliori. Se facciamo innamorare e avviciniamo queste figure al nostro progetto, ci troveremo il locale pieno". Poi c'erano i pragmatici, gente che non definiva avversa al cambiamento ma che, per adottarlo, andava convinta. "Loro ci pagheranno il biglietto solo dopo aver osservato i primi, più coraggiosi, avventori. Noi dovremo esser scaltri, facendo credere loro che il nuovo locale avrà un sacco di comfort, sarà sicuro e rappresenterà la nuova moda".

Mi sottolineava ogni volta che il successo dei locali dipendeva dalla testa dell'imprenditore, tutta questione di psicologia, insomma. Il Barci era maniacale riguardo all'opinione che le belle ragazze potessero farsi del nostro locale: "Il parcheggio dev'essere comodo. Asfaltato. Altrimenti come fanno le donne coi tacchi?".

Subito dopo, nella sua scala delle categorie, c'erano i conservatori. Era evidente che non nutrisse simpatia per loro, si intuiva dal fatto che avesse ideato un sacco di strategie per "farli su", praticamente per prenderli in giro. "Sai come si conquistano questi?" – mi domandava. "Mostrandogli che, rispetto al locale che frequentano loro, il nostro offre più servizi ed è più vantaggioso. Facendogli capire che sono dei pirla a continuare ad andare di là".

In ultimo gli scettici. I peggiori, quelli che "Il nuovo locale? No, grazie". Li valutava un ammasso di ottusi aggrappati alle loro abitudini, che si sarebbero piegati alle innovazioni solo se avessero temuto di perdere il contatto con il resto del mondo. "Sai perché, alla fine, si presenteranno all'ingresso anche loro? Perché si sentiranno gli unici sfigati a non venire" – mi diceva ridendo di gusto. "E sai qual è il bello? Che noi li riconosceremo e non li faremo entrare". L'ho sentito far questi discorsi decine di volte.

Prima di una nuova apertura, Rino era solito trasferire il proprio domicilio in prossimità del locale in questione; e, quando lavorava nelle vicinanze, io ero matematicamente al suo fianco, h 24. Ora che ci penso, forse è proprio questo suo essere un "migratore progettuale" ad avermi ispirato, ad avermi reso un nomade digitale, concetto che tanto sto predicando negli ultimi anni.

Ero ancora un pischello quando già passavo intere giornate nei suoi cantieri, fra la polvere e svariate squadre di operai a lui devote;

dovevi vederlo, orchestrava gessisti, impiantisti, falegnami e vetrai come Toscanini ai tempi d'oro. Lui progettava, lui dirigeva, e io ero lì, spettatore in primissima linea. Avvertivo la sensazione che quella sarebbe stata la mia vera scuola, il mio vero master universitario. Lo bombardavo incessantemente di domande, come quei bambini curiosi che chiedono in continuazione il perché delle cose. Mamma mia quanto tempo ho passato con lui. Migliaia di ore, infinite nottate trascorse ad ascoltarlo. Ero tremendamente affascinato dalle sue teorie e da quelle storie di "vita notturna" che… Beh, solo lui conosceva.

Dovevi vedere come le raccontava. Rino Barci, prima ancora di esser un grande artista, era il gran visir degli oratori. Il suo public speaking non era tecnico, non era studiato, ma risultava comunque ammaliante, quasi letale oserei dire.
Ti sto svelando un altro grande segreto che Rino mi ha lasciato.

Una sera ci trovavamo in una rustica trattoria sul lago Maggiore, ad Arona, e tra una chiacchiera e un bicchiere di Morellino, mi proferì una frase che ho ancora in mente: "Vedrai, tu sarai un grande raccontatore, Big. Sai che io non mi sbaglio mai su queste cose". Usava spesso questo buffo termine, "raccontatore"; era il suo modo per definire una qualità che, a detta sua, gli avrebbe consentito di fare il bello e il cattivo tempo (lavorativamente e non) ovunque andasse. Ci teneva a farmi conoscere il magico potere delle "storie". Appresi in quegli anni che la narrazione avrebbe potuto abbattere i muri che si erigevano tra me e chi avessi voluto convincere. Sia in fase di trattativa che in fase di comunicazione, dar libero sfogo a racconti emozionanti mi avrebbe permesso inoltre di attrarre l'attenzione. Ne era fermamente convinto, e oggi ti confermo che aveva dannatamente ragione.

Mi ricorderò per sempre alcune sue frasi: "Ale, puoi avere in pugno chi vuoi usando le parole, ma bada bene, sono vere e proprie armi, ci vorrebbe il porto d'armi eheheh". Oppure: "Se racconti in modo da toccar il cuore e la mente di chi ti ascolta, come per magia, assumerai le sembianze di una potentissima calamita". Diversi anni dopo, alcuni studi hanno scientificamente provato tutto ciò.

Le storie stimolano e attivano il cervello umano, permettendo al narratore di coinvolgere l'ascoltatore e di fargli accettare il suo punto di vista.

L'architetto Barci sosteneva che, se avessi ambito a essere un vero leader, uno che sapesse vendere da real gangster, avrei dovuto prima di tutto essere un gran raccontatore. Solo così avrei potuto emanare fascino e carisma, ingredienti fondamentali per ogni conquista. Mi rendo conto solo ora che, quest'uomo, evangelizzava l'arte dello storytelling e del copywriting quando nemmeno avevano ancora coniato tali termini. Le sue novelle goliardiche erano dinamite pura: impossibile resistere ai racconti travolgenti dei suoi anni passati, tra una festa e l'altra, tra un cantiere e l'altro.

Mentre mi raccontava della sua Bentley affondata nel lago, oppure degli show che faceva il mitico Ermes al Sib di Riccione. O ancora di quando tornava a casa dal Marmellata o dal Borgo con dei sacchi della spazzatura colmi di quattrini, per non dar sospetti a eventuali malintenzionati notturni. Era solito colorare fatti realmente accaduti con un non so che di fantasticamente fantastico. Finiva per trasformarli in vere e proprie imprese epiche, degne di nota.

Le definiva avventure "da mille e una notte". Mi gasavo parecchio al pronunciar di quella dicitura, "Da Mille e una Notte"; mi sa che un giorno gli dedicherò un progetto con questo naming. Sarebbe il giusto tributo alle scariche d'entusiasmo che sprigionava ogni volta menzionando quelle cinque paroline. Non so se tu te ne sia accorto ma ti ho appena svelato come, grazie a Rino, mi sono approcciato al mondo del copywriting e a quello dello storytelling. A mia volta, poi, ho studiato a lungo per poter evolvere il concetto di semplice storyteller in quello di storyteller strategico. Dietro a un "copy" di successo, capace di vendere migliaia se non milioni di euro di prodotti e servizi, c'è un mondo nascosto che la gran parte delle persone non vede. Ti anticipo che, negli ultimi capitoli, otterrai la chiave per queste "armi" anche tu, qualora ovviamente fossi interessato e qualora tu abbia il porto d'armi eheheh.

3. La potenza della polarizzazione
(dedicato a Ermes e Rosita)

Per me i Callegari sono sostanzialmente tre, Ermes, Rosita e Tonino. Tonino lo conosco meno, è l'analitico del gruppo, un Paperon de' Paperoni in versione non cartoonizzata; lui i conti li ha sempre fatti e sempre li farà con la matita, senza troppe emozioni.

Se tonino è il freddo calcolatore del gruppo, Ermes indubbiamente rappresenta l'emblema carismatico; Rosita invece è il cuore pulsante, ma anche il cervello. Quando si parla di Ermes, si parla di un mito, ci sono addirittura leggende che narrano che sia stato lui ad aver inventato la notte. Sicuramente non è così, me è fuori da ogni dubbio che abbia dato tanto, tantissimo, al nostro magico mondo; insomma, uno di quei personaggi che se non ci fosse, bisognerebbe inventarlo, uno di quelli che han sempre saputo come far notizia.

Tempo fa, non penso esistesse un solo addetto ai lavori nel nord Italia che non fosse a conoscenza, in maniera più o meno diretta, delle gesta di "Ermes del Fellini".

In realtà non aveva solo il Fellini, ma anche un sacco di altre discoteche sparse qua e là: dal Porto di Alassio all'Xò di Cremona passando per il Milù di Ivrea ma fatto sta che il suo nome fu sempre abbinato per lo più al locale di Pogliano Milanese.

Il Fellini è un luogo magico e immortale, teatro di successi leggendari, quasi inimmaginabili: una vera araba fenice notturna.

Personalmente è il locale che più mi ha temprato e sicuramente quello che più mi ha coinvolto emotivamente: solo io so quanto ho amato quel posto. Non immaginarla come una semplice discoteca perché…non lo è. "Il Fello non è mai come sembra, ed è più di come lo immagini". Parliamo di un posto traboccante di segreti, un groviglio di fatti e misfatti, di teatrini e inciuci che potrebbero riempire le pagine di cronaca per i prossimi vent'anni. E poi, prima di tutto, il Fellini è il covo dei Callegari. A questa famiglia io devo tantissimo, in primis per aver sempre creduto in me, nella mia persona ancor prima che nella mia professionalità. Come tutte le persone importanti che hanno fatto parte della mia vita, anche loro mi hanno indelebilmente segnato. Mi hanno reso un essere umano migliore, insomma una versione più solida ed evoluta di me stesso, soprattutto a livello psico-comportamentale.

Ti voglio illustrare dei segreti che ho appreso da Ermes e altri che, invece, ho captato da Rosita – lei non è una che insegna, lei è una che andrebbe osservata e studiata in laboratorio, eheheh. Ermes mi ha mostrato il vero potere della polarizzazione. Forse è stato il più grande polarizzatore di tutti i tempi, ancor più di Salvini. Si è sempre schierato, o bianco o nero, le sfumature non sa cosa siano: uno così o lo ami o lo odi.

Sapeva alla perfezione come far parlare di sé e come rivolgere i riflettori verso il proprio ecosistema. Il detto "l'importante è che se ne parli" era il suo credo. Il suo era un modo tutto particolare di fare marketing, una strategia che nessuno gli aveva insegnato: era pioniere assoluto in tutto ciò. Polarizzava vestendo i panni di un personaggio burrascoso, tanto divertente quanto snob, una specie di Ranzani all'ennesima potenza. Ricorderò per sempre una frase che mi capitò involontariamente di origliare a Riccione, durante un Sib. Mi riferisco a un gruppetto di persone (credo lavorassero tutte nei locali) che discorrevano in Viale Ceccarini.

"Ho sentito dire che stamattina è arrivato in hotel l'Ermes del Fellini?" – uno bisbigliò all'altro, come se fosse lo scoop del mese. È inutile, Ermes faceva notizia. La fama di questo suo personaggio, in qualche maniera, lo precedeva. Lo si vedeva spendere e spandere a più non posso nei locali degli altri. Devi sapere che, questo presunto buttare via i soldi, non era tale. Non li stava buttando via in preda alla megalomania, stava semplicemente investendo in quello che era il suo piano strategico.

È questo che io definisco "marketing polarizzante". A fine anni '90, mentre tutti sposavano le canoniche formule pubblicitarie, lui già percepiva il grande ritorno d'immagine che si sarebbe potuto ottenere investendo sul proprio personal-brand. Forse non lo sai, ma la fiera delle discoteche, il Sib appunto, negli anni '90 era una manifestazione incredibile; era sentitissima da tutti quelli che gravitavano attorno al mondo della notte. Arrivavano da tutta Italia. La Riviera veniva letteralmente invasa. Non solo si potevano conoscere le ultime novità in ambito "by night", ma era un'ottima occasione per concedersi qualche giorno di pura goliardia nel paese dei balocchi, tra una scappatella d'amore e l'altra.

Chi gestiva locali presenziava con i collaboratori più stretti. Tutti facevano così. Tutti tranne Ermes. Lui arrivava in Romagna con un'intera armata, con tutto lo staff al gran completo, parlo di una quarantina di persone, forse di più eheheh. Dipendenti, artisti, ragazze immagine e persino la security personale, del resto un personaggio così bizzarro era giusto si prendesse certe precauzioni.

La rappresentanza del Fellini di certo non passava inosservata. Una sera, al Peter Pan, al centralissimo "tavolo-Fellini", si iniziò a sciabolare di brutto; di lì a poco, sulla pista iniziò a piovere champagne. Una compilation di schizzi di Cristal che in confronto quelli del podio del motomondiale son da dilettanti.

Ricordo la foga con cui gli uomini della sicurezza del locale si precipitarono, per bloccare i felliniani spumeggianti ma la security di Ermes bloccò loro a sua volta: lo show si protrasse così per svariati minuti sotto gli occhi di tutta l'Italia "by night". Quei minuti non rappresentarono altro che un super concentrato comunicativo. Non credi anche tu che quel "cinema" abbia solo aumentato a dismisura la notorietà del personaggio? Oggi, uno show come questo, sarebbe chiamata "strategia di brand awareness".

La padronanza della polarizzazione è la padronanza dei principi fondamentali dell'alchimia mentale con cui si può influenzare l'ambiente circostante. Questo è stato il primo grande segreto che ho tratto da lui.

Il secondo, invece, è sintetizzato in un ammaestramento, che Mr Callegari mi regalò in una di quelle sere in cui uscivamo assieme.

Ricordo ancora la scena, eravamo a Legnano, sul suo Range bianco-latte, e stavamo andando a prendere il mitico Bonin a casa sua.

"Vedi Big, nella vita non devi mai pensare ai soldi, quelli vanno e vengono; ciò che conta veramente sono le idee, se tu hai le idee non dovrai mai avere paura" – mi disse con tono da amico. "Giunto a 60 anni, la mia soddisfazione più grande è quella di poter pagare tutti, sempre. La mia reputazione, la mia credibilità, prima di tutto" – continuò con gli occhi lucidi. Non penso di dover commentare, in queste frasi emerge tutto Ermes stesso, un grande uomo, un uomo vero.

Grazie Ermes.

Che dire invece di Rosita? La figlia del boss è una donna con le palle, una che sa il fatto suo, una di quelle che niente la può fermare, una di quelle che non si fa di certo mettere i piedi in testa. La definisco camaleontica, machiavellica e dotata di un grande cervello. Ho perso il conto dei nostri litigi, a tratti non ci sopportavamo proprio. È sempre stato un rapporto di odio-amore.

In fin dei conti, ci siamo sempre voluti bene, ci siamo sempre rispettati e non abbiamo mai nascosto una grande stima reciproca.

In 13 anni di lavoro fianco a fianco, ho saputo trarre qualche prezioso insegnamento pure da lei, in modo da poter arricchire ulteriormente la mia "skill-library".

Beh, innanzitutto mi ha sempre attratto la sua inverosimile capacità di "problem-solving". Nessun problema al mondo poteva destabilizzare quella donna: il suo cervello sembrava esser programmato per trovare una soluzione a tutto. Ho sempre avuto la sensazione che le situazioni complicate, anziché spiazzarla, la esaltassero di brutto. Più il problema era grande e più si motivava, dando il meglio di sé. Pareva giocare coi problemi, incredibile.

La sua è senza ombra di dubbio una predisposizione ma ho avuto modo di sperimentare che questa abilità è allenabile. E credimi, è un'attitudine che può far tutta la differenza del mondo. Sì, perché, laddove i competitor andavano in difficoltà perdendo lucidità, lei trovava stimoli e dava gas.

Ci sono altri aspetti di cui ho fatto tesoro, aspetti che l'hanno sempre contraddistinta da qualsiasi altro gestore.

Ad esempio, il suo grandissimo gusto, l'amore per il bello, la capacità di iniettare carica e stimoli allo staff prima di ogni "start" stagionale, la cura del dettaglio, e per finire la maniacalità con cui manteneva il locale stesso: un vero bijoux.

Il forte di Rosita poi, era la psicologia, con la quale arroccava le sue arzigogolate strategie. Sostanzialmente questo le ha sempre permesso bene o male di ottenere ciò che voleva. Il motto "il fine giustifica i mezzi" descrive tutt'ora come meglio non si potrebbe la sua indole. Una strategia, la sua, fatta di mosse e contromosse studiate e comprovate, da vera scacchista. Una strategia in continuo divenire con cui muoveva i fili dell'intera azienda, strumentalizzando tutto ciò che si potesse strumentalizzare. Geniale il suo esser politicante. A tu per tu con lei, ho visto pochissimi reggere il confronto psicologico.

Questo mi servì tantissimo. Afferrare il suo modus operandi è stato illuminante per me. Lei ti studiava, individuava i tuoi punti deboli, dopodiché iniziava una vera e propria "danza strategica" imperniata sul lato umano, quello più vulnerabile. Non ne ho la certezza, ma ho sempre pensato che fosse addirittura in grado di piangere a comando, vero virtuosismo per una psicologa mancata come lei.

La frase che più mi colpì me la disse a gennaio 2015, il locale stava attraversando uno di quei periodi un po' complicati. Ricordo che, per il bene dell'azienda, proposi io stesso una "spending review", nonostante non fossero soldi miei, in un momento così, pensavo che "tagliare" il superfluo non potesse che esser cosa buona e giusta. "No Ale, tu non devi farti carico dei problemi del locale, tu sei un creativo e, come tutti gli artisti devi pensare a "inventare" senza briglie, senza pensare al puro aspetto economico". Rimasi di stucco, ecco l'ennesima lezione che mi regalò Rosita, una lezione riguardante la distanza che si crea tra manager e imprenditore ogni qual volta si parla di budget.

A tal proposito, mi viene in mente un libro che ho letto recentemente, "Il Mercante di Utopie" di Anna Sartorio. Qui si definisce il budget come un misto tra una speranza, una previsione e una promessa. Per un imprenditore prevale la parte speranza perché si gioca i suoi soldi (e, inconsciamente, prevaricherà sempre la speranza di risparmiare); per un manager prevale invece la parte della promessa, perché tanto più si avvicina a questa, tanto più sarà considerato bravo.

Vedi, nelle grandi aziende il budget non può basarsi sulle speranze, bensì sulle promesse, ecco perché certe scelte è meglio le faccia il manager, più esterno ai fatti, più lucido. Ecco. Rosita, da buona stratega, aveva intuito tutto ciò prima di tutti.

Applausi, Rosi.

4. Da imperatore a imprenditore
(dedicato a Irene)

Ti ho illustrato la metamorfosi a cui si può ambire elevando le proprie competenze, è davvero portentoso il miglioramento che ognuno di noi può ottenere in termini pratici, in termini di risultati tangibili. Ma c'è un altro cambiamento, ancor più sorprendente, che ho avuto la fortuna di vivere sulla mia pelle, sto parlando di quello che riguarda il mindset.

E se ti dicessi che io l'ho imparato da una lunga storia d'amore? Proprio così, non mi vergogno a dirtelo, fu proprio la mia ex fidanzata a insegnarmelo. Irene è una ragazza d'una decina di anni più giovane di me, una di quelle persone col sorriso che ti viene incontro. D'una bellezza obiettivamente rara. Tanto capricciosa e testarda, quanto perspicace e veloce nei ragionamenti.

La cosa che più adoravo di lei era la sua incorruttibilità morale. Quella volta mi innamorai proprio. Il lasciarsi completamente andare in preda ai sentimenti mi rese estremamente vulnerabile ma, col senno di poi, mi permise anche di aggiungere un altro importante ingrediente segreto alla mia collezione. Un segreto di rilievo, visto che riguarda quello "switch mentale" che può impattare amplificando gli effetti di ogni altra skill personale. Gli economisti lo valuterebbero come una sorta di compound interest, giusto per renderti l'idea. Se prima di conoscer la signorina Berzero mi avessero chiesto se io volessi cambiare vita, cambiar personalità o carattere, avrei risposto in malo modo: "Macché, sei scemo? Guadagno tanto, faccio ciò che mi piace, perché dovrei cambiare?".

Invece i sentimenti, volente o nolente, mi condussero verso una vera e propria rivoluzione interiore. E… Dio grazie. Sembra follia lo so, ma ti posso giurare e spergiurare che se oggi posso vantare un nuovo mindset, è indubbiamente merito di quella trasformazione.

Lascia che ti spieghi. Fino al 2013 mi impegnai nel costruirmi un "io pubblico" abbastanza patinato, ahahah…

Ora rido ripensandoci ma, all'epoca, ricordo che il mio personaggio era radicalmente basato sull'apparenza, sul voler essere figo a tutti i costi, sul non mostrare alcun punto debole in pubblico. Poi ci pensò lei, appunto, a stravolgere un po' tutto. Mamma mia quanto mi vergognavo le prime volte che mi chiedeva di postare su Facebook le nostre foto. Hai presente quegli scatti sdolcinati "di coppia"? Roba che proprio non era da me, roba a cui ero quasi allergico, ahahah. A dir il vero, avessi potuto scegliere, avrei preferito pubblicare una foto in cui mi mostravo nudo, piuttosto che mostrarmi fragile sentimentalmente al mondo.
Eppure, per amore, lo feci senza troppi tentennamenti.

Lì successe una cosa alquanto strana. A farmi ricredere sulle mie convinzioni, in realtà, fu la reazione del mio pubblico: l'ebrezza di sfiorare per la prima volta i tremila like su Facebook con una foto "zuccherosa", innescò in me una serie di ragionamenti. Forse, sui miei canali privati, avrei dovuto modificare la prospettiva della mia comunicazione, veicolando magari contenuti più veri, più genuini, più umani. Tra l'altro, pensandoci bene, mi sarebbe risultato persino più semplice.

Se sento di amare una persona, perché mai nasconderlo? Perché non urlar al mondo il mio umanissimo innamoramento? Alt, non pensare che sia uno che abbia mai dato peso ai like, anzi. Questa fu una vera e propria eccezione. Ma, quelle vanity metrics che si discostavano così tanto dalla media, è come se mi avessero indotto a riflettere. L'amore mi aveva dato la forza di uscire dalla zona di confort. Ammetto che tutto ciò cominciava inspiegabilmente a intrigarmi. Sentivo profumo di business.

Tuttavia, non potevo immaginare che, negli anni a venire, sarei riuscito a tradurre tutto ciò in un punto di forza della mia digital strategy. Di lì a poco, giunsi ad una conclusione.

"Se sono riuscito a cambiare mindset a livello sentimentale, perché non dovrei farcela a livello imprenditoriale?". Avevo fiutato come un cambio di focus inizialmente costasse fatica, ma nulla se confrontata agli straordinari risultati che sarebbero poi potuti scaturire. Dovevo assolutamente far un test.

Scelsi quindi di invertire la personalità e la prospettiva della comunicazione della mia azienda, replicando ciò che avevo testato sulla mia persona.

Come avrai avuto modo di apprendere nel secondo capitolo, i benefici di una comunicazione più umana e meno finta, in Big Mama, non tardarono affatto ad arrivare. Credimi sulla parola, è un superpotere degli imprenditori quello di aver l'umiltà e l'intelligenza saper cambiare idea, o prospettiva. Mi rendo conto che, certe volte, servano le palle per poter assumere decisioni in palese contrasto con ciò che abbiamo fatto sino ad allora. Tornando a noi, grazie al coraggio di stravolgere tutto, avevamo ufficialmente applicato una sorta di "Vujadè Marketing". Mi sa che te la devo spiegare questa espressione un po' avveniristica. Semplice, se un déjà-vu è il percepire una nuova esperienza come qualcosa di già visto, un vujadè è il percepire qualcosa di già visto, con occhio nuovo, con un nuovo focus.

Applicai questo nuovo modo di ragionare, oltre che alle strategie, anche ai rapporti lavorativi; ci credi che da quando ho iniziato a essere più umano e paziente con i miei fornitori, con i miei collaboratori, non solo sono migliorati i rapporti relazionali, ma ho avuto anche una serie di vantaggi economici? Eheheh, a saperlo avrei sradicato molto prima quella mia vena un po' autoritaria che mi ha sempre contraddistinto.

Meno dictat, più carisma, meno star, più leader, meno regole, più responsabilità. Se ci pensi ogni epoca storica è stata legata a un determinato tipo di lavoro, grazie al quale si poteva generare valore. Bene, prima di ribadirti che caratteristiche servano oggi, per impostar al meglio il proprio lavoro, seguimi in questo ragionamento. L'ho sentito fare a Luca Mazzucchelli, uno psicologo molto influente; un suo speech su YouTube mi è rimasto impresso. In origine, durante l'era del corpo, per fare un buon lavoro bisognava essere forti fisicamente, basti pensare alle coltivazioni, o alle guerre.

Poi, poco per volta, i "forzuti" si son trovati in difficoltà in quanto ci si stava addentrando nell'era della mente. Improvvisamente, per esser sul pezzo a livello lavorativo erano richieste nuove abilità, bisognava esser bravi con i numeri, con le idee, con i modelli organizzativi.

Oggi, all'alba del 2020, quelle stesse persone iniziano a perdere terreno e a lamentarsi perché non riescono più a mantenere i propri standard di vita.

Vuoi sapere perché? Perché oggi siamo nell'era del cuore. Non è più la sfacchinata fisica o lo sforzo mentale a generare valore. Ora il vero "lavoro duro" è quello emotivo, il lavoro del cuore. Compiere un sacrificio emotivo, non è compiere uno sforzo fisico o mentale ma è il coraggio di fare quelle cose che ti costano fatica. Ma sono proprio quelle che possono "switchare" il tuo mindset. Sicuramente se Irene non fosse entrata nella mia vita, non sarei mai giunto a queste consapevolezze. Fu proprio lei a farmi percepire che, nell'era del cuore, gli imperatori non sarebbero stati più di moda.
Largo quindi ai nuovi imprenditori, quelli che… "conta quanto cuore ci metti".

Ripercorrendo questo capitolo ti ho illustrato alcuni preziosissimi segreti, impregnati delle mie più profonde contaminazioni. Abbiamo visto, in questo mondo superficiale, ormai soffocato da cose effimere, che a volte sentiamo lo stimolante richiamo di una vita più vera, quella vita che ognuno di noi merita di vivere. Impegnandoci un po' è possibile mettere k.o. la depressione e il senso di sfiducia.

Aprendo un po' la mente ci è permesso entrare in contatto con la nostra autentica natura, con quella parte di noi forte, vitale e capace di decuplicare la nostra produttività, con quella parte di noi che ci fa superare barriere che fino a poco tempo prima sembravano invalicabili. A volte avere un cambio prospettico ci consente di poter vedere il mondo in modo differente. Questo ci porta a compiere azioni diverse e, quindi, inevitabilmente, a ottenere risultati diversi. Ti do un consiglio: cerca di accedere a un ecosistema che ti esponga a questi stimoli, che ti spinga a cambiare le tue azioni e i tuoi risultati. Questo è esattamente quello che mi è successo entrando in contatto con alcuni dei miei maestri.

Gli incredibili risultati, che ho potuto toccare con mano, derivanti da alcune loro strategie, mi hanno spinto studiarle. Sto parlando di vere e proprie armi, quali ad esempio lo storytelling, la polarizzazione, il problem-solving oppure la "psicologia macchiavellica" con cui poter finalizzare le trattative. Dopo essermi lasciato ispirare cosa ho fatto?

Semplice, innanzitutto ho analizzato a lungo queste loro abilità. Poi le ho rielaborate. Poi le ho perfezionate e rivisitate in relazione ai tempi nostri. E infine le ho teorizzate e testate personalmente sul campo.

Infine, ti ho mostrato con un esempio pratico come non esser avversi a un cambio di prospettiva possa esser dannatamente impattante sia a livello personale che a livello di business. Ti voglio lasciare con questa riflessione. Crea intorno a te un ambiente, una "life bubble" energicamente positiva. Lascia fuori tutto ciò che ti demotiva, che ti fa perdere carica, voglia e tempo. Circondati di persone che ti stimolino e che ti ispirino. Lasciati contaminare da persone che ti possano migliorare, da persone in grado di innescare in te un processo di upgrade personale, da persone che ti sappiano iniettare cospicue dosi di felicità.

Ricordati, se calibri il tuo mindset e costruisci la tua libreria delle competenze, ti saranno pagati i dividendi per tutta la vita.
A buon intenditor, poche parole.

Capitolo 4:
Come far fruttare l'esperienza sul campo

A volte ci penso e mi rendo conto di aver intrapreso un percorso verso qualcosa che inizialmente non riuscivo pienamente a mettere a fuoco; per poi realizzare di lì a poco quanto questa mission mi fosse familiare e rappresentasse la mia stella polare, quella da seguire ad ogni costo. Ho colto nuove e straordinarie lezioni durante il mio viaggio. Questo grazie a tutti quegli incontri di cui ti ho abbondantemente parlato, ma non solo.

C'è anche farina del mio sacco nella magica ricetta che mi ha permesso di implementare un vero e proprio metodo per il successo "by night". Ti rivelerò questo "big method" tra poco, vorrei prima soffermarmi un attimo su tutti quegli ingredienti segreti derivanti dal mio diretto know-how. Ti confido una cosa: tutti i miei ex compagni di classe, soprattutto i più bravi, oggi hanno un lavoro da dipendente.

Ma, perché spesso molti di quelli che van bene a scuola poi finiscono per lavorare "sotto padrone"? Io mi sono fatto un'idea ben precisa a riguardo. Chi studia tanto, chi si applica oltre misura, è come se avesse fatto una scelta. I "secchioni" sceglierebbero di dedicare il proprio tempo ai libri, anziché nel fare esperienze. La loro risposta a Gerry Scotti sarebbe questa, la accenderebbero, sì, sarebbe la loro risposta definitiva. Io andavo bene a scuola, ma il mio era un caso un po' anomalo. Ammetto di esser stato campione del mondo di copiatura per quanto concerne le materie di puro studio, mentre per quelle più matematiche, ero semplicemente portato.

Sono sempre stato padrone del mio tempo, non l'ho mai sprecato troppo sui libri di scuola. Quello che ci aiuta ad allargare il mindset è l'esperienza sul campo e non le quattro nozioni che ci appiccichiamo in testa per passare l'esame o il compito in classe del "day-after". Sì, sto alludendo al fatto che studiare come dei forsennati, rinchiusi in casa come topi da laboratorio può talvolta risultare molto meno utile che andare a un evento o in un locale.

Avere una fitta rete di contatti, o sapere trattare la gente, è molto più importante che prendere 30 all'esame di Diritto dell'Unione europea (che poi… Unione de che?). Ho visto iniziare e concludere affari da milioni di euro nei privè delle mie serate, affari e incontri che potrebbero cambiare la vita di chiunque. Difficilmente studiando Dante, Shakespeare o Omero può accadere. Non credi? Come già Bill Gates e Steve Jobs prima di lui, anche l'informatico del momento non ha portato a termine gli studi: Mark Zuckerberg ha lasciato Harvard per potersi dedicare alla sua creatura, il social network per eccellenza.

Tutto questo per dirti che non è di certo nelle aule o fra i banchi che riusciamo a integrare le skill di cui abbiamo bisogno, a scoprire le nostre reali passioni e mettere impegno in quello che facciamo. Per rivoluzionare qualcosa, per poter ambire a posizioni di rilievo, serve oggigiorno un portfolio di competenze, altroché quell'accozzaglia di nozioni antiquate che ti insegnano in aula.

I grandi comunicatori, i grandi imprenditori, oltre a eccellere in una disciplina, sono appassionati e informati su decine se non centinaia di altri argomenti collaterali. Questo permette di vedere la realtà da diverse angolazioni. Più competenze si maneggiano e più aumentano queste angolazioni e più migliorano le performance. Non tutti conoscono la "T-Shaped Knowledge". Io l'ho studiata su un testo statunitense diversi anni fa. Poi l'ho riletto poco tempo fa sul blog di Ninja Marketing. Mi ricordo ancora il simpatico modo con cui avevano approcciato all'argomento. "Probabilmente ti hanno consigliato di studiare, di scegliere una specializzazione, di trovare un lavoro serio... Ma di essere una T scommetto che nessuno te l'ha mai consigliato, vero?". In realtà oggi il mondo del lavoro necessita proprio di persone con competenze "T".

La parte superiore della lettera "T" (il cappello) rappresenta l'insieme di tutte le discipline che si padroneggiano in maniera superficiale, ma che aiutano ad allargare la visione d'insieme e ad approcciare un problema in maniera olistica.
La parte verticale della "T" (il fusto), invece, indica la profondità con cui si maneggia una specifica disciplina, il che rende particolarmente competitivi in un determinato settore.

La verticalità conferisce l'autorevolezza, mentre l'orizzontalità è un fattore moltiplicativo, in parole povere potenzia le opportunità all'interno dei diversi contesti in cui si può operare. Nel mondo della notte, oggigiorno, il T-Shaped Skillset non è utile sono ai titolari dei locali, ma a ogni reparto della filiera del divertimento, dai freelance ai professionisti, dagli artisti ai dipendenti. Pensate un disc-jockey come potrebbe impattare meglio sul mercato se, oltre a essere specializzato in ambito musicale (fusto della "T"), ne masticasse un po' anche in ambito di visual design, di copywriting, di advertising oppure di direzione artistica (cappello della "T"); ovviamente sono esempi a caso, giusto per rendere l'idea.

Non pensi che un dj con così tante competenze accessorie possa avere una visione d'insieme più ampia di un suo collega ancora ormeggiato all'antico dilemma "meglio il vinile o la chiavetta"?
Un dj che vanta un ampio portfolio di skill ha maggiori opportunità di lavoro, è un dato di fatto. Inoltre, di tutto ciò ne beneficerà anche la sua skill verticale (quella che si rifà all'ambito musicale); questo ovviamente grazie a una visione più allargata, che permette di analizzare ogni problema da diversi angoli, con diversi filtri.

Ora, a proposito di "skill set", ti voglio illustrare quali sono i trucchi e i segreti che ho saputo trarre dalle mie esperienze passate, proprio quelli che, poi, ho saputo trasformare in vere e proprie competenze o in fattori differenzianti di successo.

1. Sfidare l'impossibile

Primi anni Novanta, è il trentuno d'ottobre.

Un bimbetto dall'aria vispa pedala agile lungo la salita di Rosignano, un paesino sperduto tra le colline del Monferrato. Le campane rintoccano. Il bimbo è un biondino con gli occhi "grey", crede in Dio. Ha una canotta un po' stropicciata a righe, le ginocchia sbucciate e un po' di terra sulle scarpe.

Sta tornando a casa, dove, alle sei in punto, lo aspetta un puro madrelingua per la sua lezione settimanale d'inglese. Sua mamma, prima che uscisse, è stata categorica: "Tarda di un solo minuto e non andrai in paese per festeggiare Halloween". La festa dell'oratorio per la notte delle streghe è qualcosa che sente di non poter assolutamente perdere, ma, ahimè, a sto giro è dannatamente in ritardo.

La colpa era del calciobalilla del "Tre Rose", il baretto del paese; a quell'ora c'erano sono i suoi amichetti, e lui si era fermato con loro. Aveva 500 lire in tasca, quanto gli bastava per una partita, gliele aveva date Don Albino, la classica mancia domenicale da chierichetto. Aveva pensato: una partitina ci può stare. Solo che certi suoi compagni d'avventura ricevono una paghetta più alta quindi le partite sono diventate sei o sette. Il bimbo tra una rivincita e l'altra era impegnatissimo, poi, al primo rintocco "campanifero", gli si congela il sangue - "E mò chi la sente mia mamma?". Ed eccoci qui, con il bimbo vispo e agile che pedala con un duro rapporto lungo la salita del paese, come la propria vita dipendesse da una manciata di secondi.

Non ce la farà mai, ma di mollare non se ne parla proprio, provare a gettare il cuore oltre l'ostacolo è il minimo che possa fare. I suoi occhi cercano e trovano un punto di riferimento, una sorta di obiettivo. In lontananza si vede un'abitazione, che sancisce la fine dell'impervia pendenza, peraltro è la casa dei suoi vecchi zii. La mette nel mirino e non la molla più.
È mingherlino, ma è tutto nervi, con dei polmoni immensi.

Inspirazioni ed espirazioni assumono una frequenza vertiginosa, pedala con una grinta tale che il cuore gli rimbalza in gola. Il tempo non lo può fermare ma salvare il salvabile limando il ritardo è d'obbligo. Pare non basti, eh sì, le campane han finito i rintocchi e probabilmente, per punizione, la festa di Halloween la passerà in camera sua. Mentre il bambino spreme ancora un po' le sue gambe, nella sua mente capita qualcosa di pazzesco. Sbaaaam. In un nanosecondo la demoralizzazione, lo sconforto e l'ansia evaporano lasciando spazio a un'inaspettatissima forma di godimento. Il godimento per una sfida, il godimento per una sfida che ha dell'impossibile. Sì, proprio così, in quel momento si trova a rincorrere ciò che non sembra più raggiungibile.

La rassegnazione in lui non trova dimora, c'è solo spazio per tenacia, ostinazione e un indomito spirito ribelle.

Il batticuore lo incoraggia, rincara ancora il ritmo, vola in piedi sui pedali, degno del miglior Pantani sulla Marmolada. È ancora ignaro del fatto che tutto questo, scientificamente, viene definita adrenalina. L'unica cosa che sa, è che quella sorta di estasi gli piace. Gli piace da morire.

Per la prima volta in lui si infonde il principio dell'euforia, con la conseguente "attitudine alla replica". Da quel giorno cercherà di ritrovarsi in condizioni simili a quelle che hanno scaturito tutto ciò.

Così, quel dì, il piccolo Ale Big Mama capisce una cosa: da quel giorno in poi dovrà far i conti con quello spirito amico che lo ha spinto, che lo ha esortato a non mollare per nessun motivo al mondo. Di quel bimbo, dopo circa trent'anni, resta quasi tutto, fatta eccezione per il colore dei capelli; beh, quello, da un biondo dorato, ha virato su una tinta "grigio topo" più unica che rara, parola del barbiere. Gli occhi grey sono rimasti. Il "mingherlinismo" pure, nonostante il vizio incontrollabile di cenar fuori, nei suoi ristoranti preferiti una sera sì... e una sera anche. Nemmeno la fede in Dio gli è passata, anzi.

Non ti fa strano che un nottambulo di professione vada a messa ogni domenica mattina? Eppure, è così. È rimasto anche il suo sguardo profondo e impossibile da ostacolare, quello che quando si posa su una cosa, la deve raggiungere per forza, costi quel che costi. Appena Ale Big Mama perde il focus, questa sua nuova indole gli farà spalancare il gas rialzandolo metaforicamente sui pedali. Analizzare a posteriori come e quando nascono le proprie attitudini, credo sia una cosa fondamentale per poter sfruttare a pieno il proprio potenziale.

Io credo di essere ciò che sono diventato. Il cimentarmi in sfide impossibili provando una sorta di piacere, la perenne ricerca dei miei limiti, il continuo desiderio di migliorarmi, fanno ormai parte del mio DNA; diciamo che mi tengono compagnia e mi emozionano da oltre un trentennio. Non c'è soddisfazione più imponente di vincere una sfida che all'apparenza pareva insormontabile. È quasi divertente compiere l'impossibile.

Nel mio bizzarro viaggio tra i meandri del clubbing, sono incappato spesso in battutine che deridevano e definivano utopistici i miei progetti. Credo di aver perso il conto a dirla tutta.

Succedeva già agli esordi, quando le mie assurde avventure non erano nemmeno ancora griffate Big Mama; in quella fase, infatti, io e il mio socio Giorgione marchiavamo i nostri party con il loghino "Clever Group". Eheheh, vera perla di saggezza questa.

Ricordo ad esempio l'Archivolto, un localino di provincia con il quale riuscimmo nell'epica impresa di "surclassare" un colosso come il Luna Rossa. Davide che le suonò al gigante Golia, per intenderci. Oppure nel 2006, quando, a detta di tutti, provare a risollevare un bestione in difficoltà come le Rotonde di Garlasco sarebbe stata una scommessa scriteriata, folle. Eppure, il "Sabato nel Villaggio" mise le chiacchiere a zero: mamma mia che storia fantastica alla corte del dottor Comelli. Un paio di anni più tardi, a Torino, io e un piccolo grande uomo di nome Giorgino ci trovammo a dover sfatare un luogo comune. "A Torino non è mai esistito un Lunedì notte e mai potrà esistere" – mormorava chi ne sapeva in città. Ricordo bene i volti degli uccelli del malaugurio, quei gufi che ci battezzarono "pazzi furiosi" appena seppero del nostro progetto, "High Quality Monday".

Malgrado ciò, credo che la saga delle feste Hqm, resterà per sempre impressa nell'antologia del clubbing granata. Pensa che c'era gente che si faceva centinaia e centinaia di chilometri per poter prender i primi posti a questo party, a questo salotto nobiliare d'altri tempi. Anche la nostra storia recente è impregnata di episodi simili. Dal martedì a Milano, che tutti davano per spacciato, al mio omerico ritorno al Fellini dell'anno scorso, senza scordar l'azzardo della Maison nella mia amata Novara.

Come per magia, più gli obiettivi erano improbabili e ambiziosi, più si trasformavano in eroiche gesta. E dell'Opium di Pordenone ne vogliamo parlare? Nemmeno Adriano, il titolare, sembrava crederci; mi aveva dal primo giorno messo in guardia su quanto quella città fosse allergica ai locali. Ancora una volta, sentii quell'adrenalina divampare in me, al pronunciar della parola "impossibile".

Adri è poi diventato un mio grande amico e l'Opium, fino pochi mesi fa, è stato un rullo compressore, registrando un sold out dietro l'altro senza pietà.

Questi sono solo alcuni esempi di fatti realmente accaduti, fra l'anno 2001 e l'arrivo del Coronavirus.

Non è un caso che io ti abbia citato tutte avventure diverse tra loro, sia geograficamente, sia socio-culturalmente.

Sai perché? Perché è il Metodo Big Mama a regalare un denominatore comune a tutti questi case studies di successo.

Ti posso assicurare che, qualora non si accetti un incarico solo per denaro, ma lo si faccia per puro piacere, per poter sfidare l'impossibile, beh, anche le utopie si possono trasformare in realtà.

Del resto, come ho sentito recitare anche in uno spot della BMW: "Sono gli eventi impossibili a rendere le cose straordinarie".

2. Questa Suite è maledetta

La Suite è una scavatrice di tunnel, pioniera di sé stessa, una delle sfide impossibili più importanti della mia vita. Tantissimi mi hanno chiesto cosa ci fosse dietro a questo stentoreo progetto. In realtà credo che chiunque abbia varcato almeno una volta la soglia di quell'arco in cima alle scale, sappia bene che là dentro si scarcerava un'energia indescrivibile, quasi esoterica che legava quell'élite di persone in una sorta di tacita intesa.

L'ho sempre definita "maledetta" in senso buono: era parer comune ritenerla maledettamente intrigante, al punto da non poterne fare a meno. Non sembra vero ma, quando salivi quelle scale e superavi l'esame d'ammissione, ti si figurava una storia, e tu la godevi e la ballavi, la contemplavi e la ascoltavi e poi, te ne portavi a casa un frammento, un ricordo.

È stata, fin dalle prime domeniche, la mia serata preferita. Ogni weekend danzereccio non era tale se non si concludeva in Suite. Per la serie: toglietemi tutto ma non la "maledetta".
La Suite era un po' un… "Lasciate ogni speranza voi che entrate" – come scriveva Mr. Alighieri. Chi entrava, era solito lasciar fuori

non solo il proprio smartphone, ma anche paure, pregiudizi e stress, per esser almeno per una notte una persona diversa. Chi per amore, chi per lussuria, chi per vaneggiamento, chi per puro senso di appartenenza, ma tutti per immergersi e poter vivere quel luogo magico. Quel luogo senza tempo nel quale avere tutto il tempo del mondo.

Come si può spiegare a parole quella recondita forma di cultura che pareva sprigionare la mia festa preferita? Ma non sono qui per decantare la Suite.

Ti vorrei invece immergere nei fatti, quelli che testimoniano come sono andate veramente le cose dal principio, i miei umori e, dulcis in fundo, gli insegnamenti che questo cavalleresco progetto mi ha servito su un vassoio d'argento.

Era il 02 Ottobre 2016, per la Suite era il giorno di battesimo. Buona parte dei miei migliori clienti si erano detti lieti di partecipare all'inaugurazione del primo club privè all'interno di una discoteca. Un locale dentro ad un locale.

Il giorno stesso era tutto diverso però, eheheh... Ansia e adrenalina si tenevano per mano e coese come due sorelle gemelle salivano in me ch'era un piacere. Adesso la faccenda si faceva seria: o bucavo o spaccavo (scusa il gergo discotecaro ma non ci sono traduzioni lessicali che possano render altrettanto bene l'idea). Era un concetto di serata molto "snob", perciò il rischio che quel "not for everyone" potesse risultare malaccetto o mal interpretato c'era eccome. E poi, nel caso, quale sarebbe stato il feedback dei partecipanti? Indice di gradimento da "pollicione in alto" o "flop"?

Speravo non c'avessero azzeccato certi gufi della malasorte che, per mesi, hanno continuato a iellare la mia prima Apocalisse. Eh sì, una smorfia di preoccupazione me la si leggeva in faccia, seppur io stessi provando a mascherarla. Forse per quello Rosita, pochi istanti prima, mi disse: "Ma chi te l'ha fatto fare?". Una domanda a cui io comunque risposi ridacchiando senza pensarci troppo: "Am piasiva l'idea!" – mi piaceva l'idea.

In effetti questo era un progetto nato dall'esigenza di far qualcosa che, in primis, potesse piacere a me. Da sempre sognavo una saga di feste intime, per pochi eletti, dove il "non per tutti" potesse regnar indisturbato, dove, per entrare, sarebbe stato d'obbligo sbattersi per davvero. Il "tu sì… tu no" era un po' discriminatorio, lo so. Ma ritenevo fosse l'unica via percorribile per far tornare sul dancefloor certi personaggi, personaggi giusti intendo. Io li chiamo "portatori sani di atmosfera". Se ci son quelli il fato non può che prescrivere il successo del club in questione. Quella stessa gente che, ahimè, pareva esser un po' sgognata dalla decadenza qualitativa della movida; e che adesso, secondo me, voleva ritrovare quella vena di follia che negli ultimi anni sembrava svanita.

Imprenditori, opinion leader, bellissime donne, io me l'ero immaginata su misura per loro. Mentre la studiavo e la progettavo, avevo ben chiaro il posizionamento che avrei voluto avere sul mercato.

Ma torniamo alle mie palpitazioni da esordio. Erano le 23:30. Segno della croce e… diedi l'ok per aprire. Baristi e camerieri erano in postazione, tutti col sorriso, come li avevo ammaestrati.

A dir la verità non c'era tutta quella coda che mi ero immaginato. Magari era solo presto. Certo che il flusso era un po' troppo calmo. Quasi tutti, tra l'altro, venivano rimbalzati, vittime di quelle rigidissime regole che io stesso avevo impartito. I primi ospiti, entrando, sembravano intimiditi. Lo percepivo da come si muovevano, da come si guardavano attorno. Hai presente dei turisti in visita ad una cattedrale? Forse erano saliti solo per curiosare al piano di sopra, o forse si sentivano quasi dei clandestini, come se stessero varcando il confine di una zona inaccessibile. Alcuni si erano soffermati a leggere il "regolamento", che avevo fatto stampare in versione manifestino e fatto appiccicare in prossimità dell'ingresso.

Mi tornò tutt'a un tratto in mente un'obiezione che mi era stata avanzata un paio di mesi prima: "Non chiamarla Suite. La gente non comprenderà, sembra si parli di un hotel più che di un club". Bah… In quel momento, forse, era meglio non pensarci, eheheh. Poi qualcuno iniziò a muovere il piedino in pista, e per emulazione un altro e un altro ancora. A poco a poco, si andò a delineare un barlume di situazione.

Se rivolgevo lo sguardo verso la consolle, beh, non nascondo che Filippo Marchesini e Gianni Morri mi dessero una certa sicurezza, sapevo bene quanto si erano preparati per questo progetto. "Dobbiamo sperimentare, proporre musica che non si ascolta dalle altre parti" – gli ripetevo da mesi, sin dalle prime riunioni progettuali. Nel mentre, sulla scala si stava creando una discreta coda e circa duecento persone, a occhio e croce, già sciamavano in Suite. Vedevo tra le mani dei tavolari certe etichette di champagne mai viste in discoteca, roba da intenditori come Krug etichetta nera, Dom P2 edizione limitata, Armand green. Il ritmo era ancora lentuccio ma, perlomeno, il motore sembrava girare bene.

Guardando l'ora sul mio iPhone, notai che era passata poco più di mezz'ora, la stretta finale era tremenda, non me l'aspettavo così prepotente. Gli ospiti parevan ben distribuiti, quella era una cosa importante, mi impensieriva solo un po' che nessuno stesse bevendo al bancone del bar.

"Non è che la gente non capisce l'integrazione tra club e mixology bar? Non è che tutte quelle spezie, quelle ampolle e quegli alambicchi esposti intimoriscono gli invitati?" – o ancora: "Non è che ho sbagliato qualcosa nella mia strategia comunicativa?".
In pochi secondi, riesaminai tra me e me gli step della mia campagna pubblicitaria. Beh, sui social non mi potevo rimproverare nulla, avevo spinto parecchio; anche se avevo deciso

di puntare su una nicchia ben specifica, escludendo volutamente la massa. L'ufficio stampa mi aveva permesso di uscire su diverse riviste, nonché sulla Prealpina, il quotidiano più letto a Legnano. Le radio mi sembrava avessero pompato bene. Persino riguardo alla distribuzione degli inviti nei negozietti mi sentivo in una botte di ferro. Forse non lo sai, ma io mi son sempre fidato soltanto del buon Porzio, l'unico che sapeva distribuir più o meno come io volessi.

"Sì Ale, solo alle commesse giuste e solo illustrando bene il nuovo tipo di serata!" – mi ripeteva sbellicandosi dalle risate ogni volta, come per tranquillizzarmi.

Chiusi un attimo gli occhi ripassai anche i primi bozzetti del "progetto Suite", rivedendomi nei mesi in cui attraversavo l'intera Lombardia alla ricerca di collaboratori progettuali giusti.

Alcuni li volli con me a tutti i costi. Altri li scartai, come i PR ad esempio, loro in una storia come questa non mi sarebbero serviti. Non volevo vendere un prodotto, volevo costruire un prototipo.

Una coppia, sulla cinquantina, si sedette al bancone del premium bar. Loris gli affumicò con leggiadria un cocktail a dir poco bizzarro: da lontano sembrava quasi una pozione magica, magari si trattava di un filtro d'amore, eheheh, chi lo sa. Constatando che, a poco a poco anche la zona narghilè si stava riempendo, tirai un sospiro di sollievo. Avvertii una sensazione particolare. L'ansia iniziava un pochino a perdere quota.

Erano le due, mi rendevo conto che la nuova impronta musicale aveva attecchito, quelli che inizialmente erano ingessati ora si stavano dimenando scalmanati su una cassa in quattro quarti.

La Suite iniziava a essere viva, calda e irruente come un fiume in piena. Si stava innescando una "rumba" impetuosa e tutti quelli che fino a poco prima erano singole entità, dei singoli clubbers, ora formavano una tribù. Non so come ma avvertivo che si sentivano tutti parte di qualcosa. Sorridevano mentre aprivano il portafoglio. Era l'effetto contagio. Avevo vinto, cazzo.

Sasso andava ai mille all'ora, entrava e usciva in scivolata dalla cambusa e non mi rivolgeva più la parola da diversi minuti. "Bene, bene" pensai. Era solito far così quando gli ordini delle bottiglie stavano per rasentare il delirio. Sasso è un mio fidato, quel piccolo grande direttore di sala che mi ha sempre seguito in ogni avventura: ti sto parlando del più scaltro venditore di bollicine sulla terra.

"Ce l'hai fatta anche stavolta, bravo" – mi disse tutt'a un tratto donna-Rosita, dandomi la mano in segno di profonda stima. Ai manager LVMH probabilmente stavano fischiando le orecchie, eh sì gli ordini di Dompe arrivavano a cascata, una magnum via l'altra, un diluvio come mai nella vita. Fu lì che venne coniato il termine "champagnanza".

Era nata la Suite, era nata "la maledetta".

I primi due mesi ci consolidarono come la realtà più forte del circondario: eravamo l'armata Brancaleone. In quei momenti, se il clubbing fosse stato la fabbrica di cioccolato, beh, io mi sarei sentito Willy Wonka. Si sentiva parlare della nostra domenica notte da Nord a Sud, da Est a Ovest, quella serata che musicalmente sembrava provenire da Marte. Non passava settimana che non si presentassero orde di djs con il tasto di Shazam pronto all'uso.

Che gran lavoro che stavano facendo Marchesini e Morri. Gianni era un maestro, una vera certezza. Anche se resto dell'idea che era lo stilosissimo gusto di Filippo quello che faceva la vera differenza.

Io ascoltavo e controllavo tutto dal primo gradino del privè: era il mio avamposto d'osservazione. Da lì potevo individuare ogni eventuale criticità e questo mi faceva stare enormemente tranquillo. Nel clou della serata spesso mi capitava di notare i camerieri completamente in fuorigiri, paonazzi in volto, alcuni correvano così tanto che si scordavano di respirare. "Ottimo, sono sotto stress, una conditio sine qua non per il successo" – pensavo.

Lo stress produce adrenalina, anche se bisogna saperlo controllare, prima che inizi a emanare anche il cortisolo, eheheh. Speravo che potessero imparare a gestire il proprio stress da soli, anche perché, in quei momenti, era saggio e proficuo continuare a farli volare. Una mancia a fine serata sarebbe poi stata un vero toccasana che, a posteriori, avrebbe allentato il senso di fatica maturato.

Era un mio trucchetto per ottenere due cose. Così facendo si sedimentava in loro il mindset che la Suite andasse vissuta come una guerra; in più, aumentavo pure il loro senso di appartenenza. In Suite non avevo dei dipendenti, avevo dei guerrieri.
Ricordo che, ogni domenica, mentre loro chiudevano le celle frigorifere con le pochissime bottiglie di champo rimaste, io mi

dirigevo verso la mia stanza d'hotel, al Poli, aspettando il solito sms di Sasso con il resoconto della cambusa. Anche se la prima regola dell'uomo di marketing è "mai adagiarsi davanti a un principio di successo", beh, era un dato di fatto che stavo andando alla grande. Il mio nuovo concept di serata era una bomba, la mia premonizione si era rivelata esatta. La breccia in quel mercato di nicchia c'era e io, da buon "mercante della notte", mi ci ero infilato come il più scaltro degli acrobati del Cirque du Soleil.

Significava che in questo mercato le chimere avevano ancora modo di esistere, in barba ai gufi dell'Apocalisse e a chi non ci credeva. Eh sì, ancora una volta, i presagisti della malasorte si dovettero allontanare con la coda tra le gambe e le pive nel sacco.

Negli anni ho poi voluto fare anche il tentativo di cambiare location. Dal Fellini la Suite si spostò al Secretroom, una vera bomboniera nel cuore di Legnano. Sentivo di dover andare oltre, testando se il mio modello di party potesse ambire a diventare universale, replicabile, scalabile. Il segreto è riuscire a essere un giocoliere, un giocoliere con quei valori che ai più sarebbero apparsi in discordante disarmonia. Per creare un modello di business del genere occorreva essere elitari ma informali, furbi ma leali, autorevoli ma smart. La "maledetta" era tutto questo.

Compresi tutto ciò a Dicembre 2019, dopo il secondo trionfale appuntamento al Secret. Abatantuono lo avrebbe titolato "eccezzziunale veramente". Ebbene sì. Ora avevo la conferma che non era la location a fare il monaco. Maturai la consapevolezza che il format non solo funzionava, ma era universale, esportabile. Ora avrei potuto passare a stender strategie sulla replicabilità e, quindi, sulla scalabilità.

C'è una cosa che devi sapere a tal riguardo, come dice il buon Oscar, protagonista del libro "Il mercante di utopie" (un idolo assoluto per me): "Noi mercanti abbiamo una sindrome, siamo l'anello tra due creatività, quella del locale che ospita il prodotto, e quella di chi lo sceglie, per consumarlo. Perciò pecchiamo di un complesso di inferiorità e per uscirne abbiamo un'unica via: essere i più creativi di tutti. Per questo la nostra sfida è quella di dar vita a un format universale. Un luogo replicabile ovunque e infinite volte, dove la gente vada e sia felice di esserci. Un ventre di mamma dove tornare quando ci si vuole premiare, riposare, o persino consolare".

È fondamentale aver estremamente chiari i fattori critici di successo di un proprio progetto. Nel caso della Suite, mi riferisco alla teoria del "giocoliere valoriale" e alla social proof, all'autority con cui si è posizionata sul mercato.

Il vero ingrediente che ha reso di successo la mia ricetta è stato senza ombra di dubbio l'esclusività. Quella stessa esclusività di cui tutta la mia comunicazione progettuale profumava.

Il rimarcare che si trattasse di un party non accessibile ai più, mi ha consentito di sfociare nel formidabile marketing della paura.

Sai che, ai fini della vendita, la paura è uno degli elementi più preziosi al mondo? Beh, un mercante navigato non vende alla gente prodotti o serate. Vende la paura di dover vivere senza quei prodotti o quelle serate. La paura di non poter esser parte di un qualcosa, di una festa pazzesca, ad esempio. Chissà in che città, in futuro, la Suite proseguirà a far parlar di sé? Vedremo. Diciamo che non mi preoccupa. Sicuramente non cadrà mai in mani sbagliate, sceglierò sempre col cuore. Del resto, mica tutte le location si sposano bene con il concept in questione… Ma, soprattutto, non tutti gli imprenditori meritano di poter diventare "maledetti".

3. Pane, carisma e comunicazione

La mia curiosità bambinesca mi ha sempre indotto a ricercare quale fosse il mio più grande segreto, il mio dono naturale. Del resto, aver ben chiari i propri punti di forza, oltre che i talloni d'Achille, può rivelarsi illuminante per i propri upgrade strategici. L'ho domandato a un sacco di persone, soprattutto a quelle che stimo e con cui ho più confidenza.

"Il carisma!" – così mi ha risposto, su due piedi, la maggior parte di loro. Ho così cominciato ad approfondire questo argomento, a studiarlo, imbattendomi nella classica confusione di chi, alle prime armi, tenta di capirci qualcosa e di vederci chiaro. Mi sono accorto ben presto che, nel mio caso, non era il carisma il vero fattore critico di successo, nonostante il test di Friedman mi abbia definito una persona con alta intelligenza carismatica. Boh, va a sapere… A prescindere da tutto, intuii immediatamente quanto fosse interessante quest'attitudine, a maggior ragione per un mercante notturno come me. Ma… Si nasce o si diventa carismatici? Molti pensano sia un dono, molti altri pensano sia un potere acquisibile. La scienza sostiene che la verità stia nel mezzo. Si è scoperto infatti che esiste un "gene del leader", un gene che ci rende carismatici dalla nascita (mi pare abbia una sigla tipo RS4950).

Per l'esattezza, il fattore genetico inciderebbe per un quarto sul nostro carisma, mentre, la restante parte, si potrebbe apprendere. Ora ti sarà senz'altro più chiaro il motivo per cui il mio dono naturale congenito non possa esser questo. Eppure, credimi, è stato davvero illuminante per me venir a conoscenza del fatto che chiunque potesse allenare il proprio carisma.

"Ma, quali sono i comportamenti di una personalità carismatica?" – questa è stata la domanda chiave a cui sentivo di dover assolutamente trovar risposta. Solo così avrei potuto comprendere in che termini allenare questa dote. Ecco ciò che ho scoperto sui veri "carismatici". Sono autentici e, quando provano un'emozione, non la trattengono mai. Non ridono tanto, ridere troppo significherebbe compiacere qualcuno, mentre a loro non interessa il giudizio altrui; tuttavia, quando ridono, ridono forte. Non sono timidi con gli sconosciuti e hanno sempre un loro stile, uno stile marcato ed evidente. A un party, un carismatico è spesso al centro dell'attenzione, senza dover per forza vestire i panni del buffone o dello show man (molti confondono il carisma con l'esuberanza); la scena se la conquistano parlando, ed emanando fascino.

Non ti nascondo che, negli ultimi anni, ho coltivato un progressivo avvicinamento a queste attitudini comportamentali. Eh sì, l'idea di elevare il mio carisma mi stuzzicava da matti. Immagina il carisma come una forza di attrazione che qualcuno esercita su di noi con i propri comportamenti, con le proprie storie e con il proprio modo di relazionarsi.

Non c'è niente da fare: è una vera calamita. Una persona di fascino, stimolante, sicura di sé, otterrà senza fatica la fiducia di molte persone, che la seguiranno quasi magnetizzate. Anche questa volta è stato più forte di me, non sono riuscito a esimermi dal tradurre tutto ciò in "ottica business". A tal proposito, sai qual è il problema di moltissimi locali, ma anche di moltissime attività commerciali in generale? La mancanza di carisma nel proprio brand. Se ti è chiaro che il carisma è l'assenza di bisogno di approvazione, beh, non ti sarà difficile intuire come moltissimi brand (oltre che moltissime attività local) inciampino costantemente in questo guaio.

Pensa a quanti club, nel compiere le proprie scelte, hanno una fottutissima paura del giudizio altrui. Il terrore di scontentare parte del proprio pubblico sembra tormentarli nel vero senso della parola. Tutto questo è in completa antitesi con il concetto di "brand carismatico". Personalmente, su questo argomento, ho sempre avuto una tesi: chi prova ad accontentare tutti, finisce per non accontentare nessuno.

Senti nell'aria la mia solita frecciatina al reggaeton, non è così? Ahahah… In realtà il discorso è un altro.
Si può esser leader carismatici anche nel mondo "reggaetoniano", per carità. Dio mi perdoni per quello che sto per dire: "In un certo senso, rispetto quei locali o quei brand che propongono solo ed esclusivamente il genere reggaeton, credendoci fino in fondo". Quelli che invece non riuscirò mai a comprendere, sono tutti quei club che, a tentoni, cercano di far "di tutto un po'", nella speranza che… pensandoci non so proprio che speranza possano avere ahahah. Alla luce di quanto detto, è palese il loro conseguente

allontanamento dall'emisfero carismatico. Sempre più aziende utilizzano un personal brand per poter essere più empatiche col proprio pubblico.

In parole povere questo avviene perché, se proprio dobbiamo seguire qualcuno, tendiamo a seguire una persona più che un'azienda. Non a caso, i brand di maggior successo hanno dei leader, ad esempio Steve Jobs per Apple, Elon Musk per Tesla, Richard Branson per Virgin.
Queste persone, con il loro carisma, si rendono ambassador dei valori aziendali, ispirando milioni di esseri umani.

Se un brand non ha un frontman carismatico comunque può porre rimedio, anche se, a mio avviso, non è proprio la stessa cosa. Sto alludendo all'influence marketing contestuale, una sorta di "compravendita" del carisma. Bisogna fare attenzione però: l'influencer non è da vedere come una macchina per la conversione, per quello c'è l'Adv, oltre a un sacco di altri escamotage. Quando noi posizioniamo il nostro brand nelle comunicazioni di un influencer, lo stiamo posizionando in un contesto, che susciterà nel pubblico delle reazioni. Queste reazioni suscitate dall'influencer si riflettono sul brand stesso. Se sono positive, e riescono addirittura a emozionare il pubblico, beh allora il brand trarrà un incredibile vantaggio.

Insomma, un'azienda può "comprare" un bel barattolo di carisma da chi ce l'ha. Quando si parla di carisma, si parla di capacità comunicativa, regina indiscussa tra le skill-priority. Credo che un imprenditore, all'alba del "venti-venti", non debba solo sapere dove sta andando, ma debba anche saperlo comunicare.
Se un business fosse un enorme puzzle (immagina il più bel Ravensburger possibile) sarebbe importante saper riconoscere i vari tasselli per metterli assieme; e per far questo che si fa?

Si comunica. Ecco, se c'è una cosa che non ho mai smesso di fare per tutti questi anni è comunicare. Comunico quando parlo ai miei clienti, agli ipotetici investitori, ai titolari di locali, agli sponsor. Comunico in un meeting o in un brainstorming con i collaboratori, ispirandoli e motivandoli a dare il meglio. Comunico quando prendo certe scelte da propagandare al pubblico. Comunico persino mentre sbandiero alla stampa e agli altri media qual è la mission di un mio progetto. Mettiti in testa che i nostri risultati di vita e di business sono proporzionali al modo e dalla capacità con cui si comunica. Nell'epoca dell'ipercomunicazione, dominano i brand che, comunicando con carisma, riescono ad andare dritti al cuore delle persone.

Ho una buona notizia: tutti hanno pari opportunità di comunicare. Oggi, uno smartphone è tutto ciò che serve per poter accedere e cavalcare questo mondo iperconnesso.
Cos'è che fa la differenza allora?
Se rifletti su tutto ciò che ti ho detto, intuirai quanto il "public speaking" sia dannatamente importante ai nostri tempi.

Gli oratori che riescono a trasmettere con genuino ardore la loro passione per un determinato topic sono anche leader carismatici in grado di motivare sia i collaboratori sia la clientela. Esprimendo il proprio "io" autentico inducono emozioni negli ascoltatori. Capisci perché ho investito decine di migliaia di euro in corsi di public speaking? Oggi non basta più esercitarsi a lungo, bisogna apprendere anche un sacco di nozioni psicologiche per poter far emergere al massimo la propria personalità. Parlo di piccoli trucchi inerenti all'esposizione paraverbale, tipo il ritmo, il tono, le pause e il volume (che si dovrebbe tenere sempre con la manopola a +50%, eheheh) ma non solo; e trucchi riguardanti l'emisfero dei gesti, la prossemica, la postura o l'aspetto.

4. L'ingrediente segreto della mia ricetta

Ti ho confidato che il carisma non è un dono naturale al 100%, ma non ti ho ancora svelato quale sia l'ingrediente segreto della mia ricetta. Tutte le competenze e le attitudini rivelate sinora le ho imparate; certe velatamente da qualcuno, altre sono state frutto di esperienze e di un costante training formativo. Il segreto che ti illustrerò ora, invece, non l'ho appreso: è innato, congenito.

Sei pronto? Beh, sono un entusiasta cronico.

Nell'epoca della superficialità e del "non si fa niente per niente", ci ha sempre pensato questa mia sorta di euforia fanciullina a tenermi equalizzato sulle giuste frequenze valoriali. Quella stessa euforia che mi ha sempre spinto a imparare delle cose per le quali, magari, provavo una sorta di rifiuto. A volte, ed è qui che si vede chi ha gli attributi, bisogna voler evitare la scorciatoia o la strada più comoda. Bisogna affrontare a viso aperto ogni problema, come se fosse un regalo. Del resto, come ho sentito dire a Paola Maugeri, la vita è un esercizio di entusiasmo e di resilienza.

Io, ad esempio, di certo non sono un tik-toker nativo, anzi, inizialmente su questa piattaforma mi sentivo davvero un imbranato. Ma, vaffanculo, ce la devo fare. E non voglio che me lo spieghino, ce la devo fare da solo. Io posso imparare, io posso evolvermi. E posso farlo grazie al mio entusiasmo da eterno sbarbatello. Ho trentott'anni ma me ne sento 7, forse 8, e sono entusiasta come il primo giorno. Se l'età crede di potermi condizionare o limitarmi, ha proprio sbagliato a capire. Vorrà dire che le ricorderò che è soltanto uno stupido numero sulla carta di identità.

Non è l'età che ci definisce, è l'entusiasmo con cui linkiamo un giorno all'altro. Ti ricordi la storica pubblicità "Toglietemi tutto ma non il mio Breil"? Ecco, la prendo volentieri in prestito, per farti capire che per me l'entusiasmo è quell'asset che nessuno mai riuscirà a rubarmi. Quell'asset che anche nelle condizioni più avverse mi permette di immaginare il bicchiere "mezzo-full". Eh sì, mi può crollare il mondo addosso, ma niente e nessuno me lo strapperà. Provo una sincera compassione per alcuni giovani di dieci, quindici anni più giovani di me, che sembrano "morti dentro". Predestinate vittime del sistema, figlie d'una società sempre più imperniata sulle comodità, sul "non sudarsi" le soddisfazioni.

Invece, se ci pensi, quanto è figo l'entusiasmo? Credo che per alcuni versi possa esser sinonimo di carisma ma anche sinonimo di leadership. È un po' come riuscire a dimostrare a tutti che si va in una direzione perché ci si crede fino in fondo. E il fatto che ci crediamo così tanto risuona nelle persone toccandole, facendole quasi vibrare. Si sprigiona una sorta di attrazione verso la nostra stessa strada. Incredibile, vero?

Beh, questa condivisione di intenti è la cosa più bella del mondo e, nel mio caso, è una leva in grado di risollevare ogni club, anche il più sputtanato. A volte mi viene chiesto: "Cosa significa esser un leader carismatico?". Beh, sono pressoché d'accordo col mio amico Dario Vignali quando dice che significa "avere una vision condivisa". Un leader carismatico è chi riesce a dichiarare apertamente la propria direzione, senza farsi influenzare dalle strategie degli altri player del mercato. Significa aver la capacità di buttarsi, di andare a esplorare l'incerto, a ricercare pionieristicamente nuovi mondi. Ci sarà sempre chi ci intralcerà, chi ci dirà "Non farlo" oppure "È pericoloso, stai rischiando troppo". Magari perché preoccupato per noi o magari perché rivede nella nostra ricerca i propri frustranti limiti.

Sta a noi, però, avere il coraggio di uscire dalla zona di comfort lasciandoci alle spalle i limiti autoimposti, hackerando così i nostri rigidi schemi mentali. Ecco, è proprio per questo che sostengo che l'entusiasmo incoroni i veri leader carismatici.

Nella vita non è stato facile, ho incontrato tante persone che mi dicevano "Eh ma tu sei sempre così entusiasta" – "Sei troppo appassionato e utopistico per un paese in cui la meritocrazia sembra un tabù" – o ancora – "Tanto poi te ne penti…" – "Vola basso sognatore" – "Mai lasciare il certo per l'incerto".
Tuttavia, non mi sono mai fatto intimorire né contagiare da questa società dal lamento facile, per la serie "Guai a chi tocca le mie ali".
Ma non ho mai permesso al mercato notturno, peraltro massificato sul vittimismo, di togliermi quest'entusiasmo virulento,

quest'ottimismo "spacca-tutto". Non ho scelto di vendere prodotti o servizi. Ho scelto di vendere ottimismo. Puro ottimismo confezionato in pratiche confezioni di euforiche idee.

Ti starai domandando come io faccia a far convivere questo fuoco che divampa in me al sorgere di un nuovo stimolo, con la mia vocazione matematica… In effetti sembrerebbero essere in pura antitesi. In realtà sono riuscito a renderli amici. Sappi che il mio "volare" entusiastico e i freddi numeri sono "partner in crime", ahahah. I numeri sanno "mettere in pausa" ogni mia emozione, sanno calarmi nei panni di una macchina ogni qual volta elaboro una strategia.

Sono tremendamente importanti anche se non devono annullare gli altri valori, quelli non misurabili, quelli che devono aiutar a migliorare i numeri stessi. Seguo un mio principio, quello del "volo matematico". Mi ha portato bene in tutti questi anni, non mi ha mai tradito. Provo a spiegartelo. Per ambire alle vette, un marketer della notte come me deve per forza di cose saper volare alto, alla continua ricerca di confini ancora sconosciuti. Ma deve saper anche abbracciare l'inconfutabilità della matematica perché, gira e rigira, saranno sempre i numeri a garantire la leadership. Non pensare che la mia matematica e i miei business plan siano crudeli, anzi, si sono addirittura resi volontari come guardie del corpo per le mie ardenti emozioni notturne.

Nel mio mindset, la simbiotica sinergia fra freddissimi calcoli e veemente passione è tutto. Insomma… "Ghiaccio nel cervello, fuoco nella pancia" – come dice il grande Farinetti. Non sai quanto sia fiero d'esser riuscito a strumentalizzare la convivenza in me di questi due apparenti nemici. Ti ho raccontato del mio personale entusiasmo cronico, del mio concetto di comunicazione entusiastica che da sempre accompagna le mie avventure.

Sono stati fatti degli studi su questa tematica, ne sono venuto a conoscenza leggendo il libro di Carmine Gallo, "Comunicare come Steve Jobs". È stato scoperto che emozioni positive quali la passione, l'ottimismo e l'entusiasmo appunto, erano contagiose: sollevavano il morale di chi vi era stato esposto. I soggetti contaminati da leader ottimisti (di persona o su video) si erano rivelati di umore migliore rispetto a coloro che avevano osservato leader che non trasmettevano emozioni positive. Inoltre, i leader entusiasti sono considerati più convincenti e quindi più in grado di persuadere gli altri a far ciò che vogliono loro. Come si dice, il successo non porta alla felicità, ma la felicità porta al successo.

Un vero mercante notturno deve saper maneggiare i tre elementi fondanti dell'arte della persuasione in maniera ineccepibile: l'ethos, il logos e il pathos.

L'ethos è la forza morale, la base per poter esser credibili.

Il logos è il mezzo di persuasione attraverso il ragionamento, i dati, le statistiche.

Il pathos è quello di cui stavamo giustappunto parlando: la capacità di suscitare emozioni.

Pensa che il fondatore di Starbucks, un brand che io amo da impazzire, ha detto una cosa che mi è rimasta impressa come un marchio a fuoco: "Quando si è attorniati da persone con le quali si condivide una passione e un obiettivo, tutto diventa possibile. I veri leader si basano sull'entusiasmo come criterio di reclutamento". Ora capisci perché, in Big Mama, assoldiamo solo persone pescate dalla community Clubbers, vero? Avere una passione personale non basta per avere successo come leader e comunicatori: bisogna associarsi a individui che siano entusiasti dell'organizzazione per cui lavorano e dell'ambito in cui si opera. Non si può contagiare con la sola logica, senza entusiasmo oggi si finirebbe per non essere abbastanza incisivi. Parola di chi è una vita che si allena a combattere chi vede il bicchiere mezzo vuoto.

5. La forza del gruppo e quella della solitudine

Dopo una vita di test, prove e rodaggi posso dire di aver finalmente trovato il giusto equilibrio organizzativo per la mia routine lavorativa, un equilibrio volto a massimizzare non solo le performance, ma anche i processi di crescita. Da qualche annetto, seziono in maniera netta le mie giornate.

Scelgo task più impegnative a livello celebrale per la mattinata, ormai sinonimo di "solitudine eremitica" nel mio personale vocabolario. Detta così non suona bene, ma ti garantisco che conosco compagnie che fanno solitudine, ma anche solitudini che fanno compagnia. Nel pomeriggio, invece, entro prepotentemente in contatto col mondo esterno, trasformandomi nell'animale "sociale" che vive in me. Questa è la fase in cui nutro i miei business, dipanando, assieme al mio team, task quantitative, quantistiche e quantitativamente quantistiche. Mi piace infine l'idea di immaginarmi la sera come un connubio di relax e svago, volto principalmente a ricaricare un po' le batterie mentali.

Mi capita spesso, tuttavia, soprattutto durante i cosiddetti "tour de force", di lavorare a oltranza, anche fino a notte fonda. Eh sì, non mi ha mai minimamente intimorito il lavoro. A dir la verità, non la pensavano esattamente così tutte le mie ex fidanzate e fidanzatine, eheheh. Non capisco proprio cosa le disturbasse tanto nel vedermi con il mio pigiamino "Stachanov-limited-edition". Boh, valle a capire le donne… Ahahah.

Ma torniamo a noi, anzi, al mio sistema task-based. È innanzitutto curioso "dove" sono solito trascorrere la mia mattinata lavorativa. In ufficio? In casa? No grazie. Forse non ci crederai, ma ho scelto un isolamento puro, a metà tra la clausura e la schermatura societaria. Pensaci, in condizioni normali, quante volte inizi a lavorare e vieni interrotto da familiari o da colleghi? E poi ti ricordi che hai un meeting su Skype. E poi ti ricordi che devi anche andare in banca. E ti ritrovi a ora di cena con una "to do list" su Basecamp infinita. Non preoccuparti, è un classico, anche a me succedeva ogni santo giorno eheheh. Ecco perché ti voglio spiegare come lavorare annientando ogni distrazione ha aumentato negli ultimi anni la mia produttività del 250%.

Non vorrei tu pensassi che io non ami "sentirmi impegnato", fare mille cose, partecipare a eventi, fare chiamate (scusa, "call", se adesso non le chiami così non sei nessuno) e conference. Essere indaffarati non è sinonimo di essere produttivi. I risultati più strabilianti li ottieni quando sei in grado di concentrarti al mille per mille su un singolo obiettivo. Zero diversivi.

Il disperdere energie in mille progetti diversi è sempre stato un mio tallone d'Achille, lo ammetto. Se non si padroneggia al meglio l'arte della "delega" il multi-tasking progettuale può trasformarsi in una vera bestia nera.
Cinque ore di deep work valgono più di una dozzina con interruzioni. Sembra assurdo, ma ci sono un sacco di studi che lo confermano. Essere produttivi non consiste nel fare più task in uno slot di tempo. La produttività consiste nel fare solamente le cose davvero importanti e farle in uno stato di flow. Il flow è uno "stato mentale" in cui i pensieri e le azioni "scorrono" in un flusso

armonico, naturale e costante. Sei in grado di produrre, con uno sforzo minimo, contenuti molto creativi. I goal che riesci a perseguire in questo stato sono chimerici in altri modi.

E proprio per questo ho maturato la decisione di passare le mie mattinate in uno stato di deep work. Volevo essere il più lontano possibile dal rumore della società. Nei mesi "warm", addirittura, mi piazzo a cavalcioni sul muretto di casa mia, un muretto di mattoni che segna il confine tra il mio giardino e la natura incontaminata. Senza notifiche, senza interruzioni, senza perdite di focus. Siamo soltanto io, il mio MacBook e un'innovativa "app" per la concentrazione.

Sì, ammetto che questa è la ciliegina sulla torta che rende totalmente "eremitico" il mio isolamento fisico. Si chiama "Brain Fm", un'applicazione davvero geniale. Dopo aver indossato le mie inseparabili "beats", basta premere play. Lì sopra puoi scegliere tra un bel po' di sonorità studiate ad-hoc per ampliare il potere della mente. Non sono pazzo, fidati. Sono suoni ricchi di onde alfa, che stimolano il cervello, facilitando concentrazione e studio.

E il pomeriggio? Beh, ha tutt'un altro aspetto. I pomeriggi me li gioco in squadra, un'esplosione di pubbliche relazioni, nel vero senso della parola. Devi sapere che abbiamo un ufficio, un vero e proprio "headquarter" tra le verdi colline del Monferrato.

Noi Big Mama facciamo base lì, anche se in realtà, per noi nomadi progettuali il lavoro non ha dimora fissa; pensa che sposiamo e applichiamo il remote-working dal lontano 2016. È complicato spiegare chi siamo e cosa rappresenta la nostra crew, in quanto è una realtà un po' sui generis, oserei definirla a statuto speciale.

Diciamo che la mia mission, romantica e cartesiana allo stesso tempo, prevedeva di metter assieme una squadra fortissima di persone che non si fermano davanti ad un "no". Un team qualificato, volenteroso, spumeggiante e, soprattutto... pronto a regger ogni sfida.
Devi sapere che noi Big Mama giochiamo come una squadra, ma viviamo come una famiglia. Siamo grandi amici, ancor prima di esser collaboratori. Hai presente il claim: "La felicità è un percorso e non una destinazione"? Ecco, la nostra "family" ne incarna un esempio lampante. Stiamo bene tra noi, testimone il fatto che nel

tempo libero finiamo per frequentarci spesso e volentieri, trasfigurando il concetto di squadra in quello di compagnia. Non sai quanto sono orgoglioso di esserne il leader, un leader che col suo equipaggio al completo si sente asintotico all'invincibilità.

Dico sempre che siamo gli ultimi nostalgici sostenitori del motto dei moschettieri "tutti per uno, uno per tutti". Dal primo giorno ho vissuto Big Mama in stile politico e fiabesco, come un piccolo paese da governare al meglio per il bene di tutti. Un paese su cui ho sempre cercato di riflettere i miei valori, quelli in cui credo fortemente: innovazione, famiglia, meritocrazia, perseveranza – solo per accennartene qualcuno.

Ho sempre creduto di aver bisogno di persone fantastiche al mio fianco, da solo nulla sarebbe stato possibile. In quella che è la mia personale visione aziendale, le persone sono indubbiamente l'asset più importante. Non esagero quando ti dico che, senza le persone giuste, Big Mama non sarebbe potuta esistere. Come imprenditore o professionista, avrei potuto scegliere di vestir i panni del capo oppure quelli del leader. E sebbene nel mondo della notte la quasi totalità dei gestori abbiano optato per "capeggiare", io ho deciso di andare controtendenza. Oggi servono dei leader, non dei capi.

Che cosa vuol dire essere leader?

Me l'ha insegnato Sergio Borra durante una consulenza, tengo quegli appunti come una sorta di magica reliquia, ahahah. La parola leader deriva dal verbo inglese "to lead" condurre.

Nel mondo aziendale si tratta di chi conduce e condiziona, di chi conduce e contamina, in positivo o in negativo. Il leader ha la responsabilità di guidare il proprio team ed è colui che dovendo "metter sulla via" le persone, deve obbligatoriamente avere una "vision" molto chiara. La vision non è altro che una storia d'amore con un'idea. Secondo me, dietro questo amore c'è passione, c'è voglia di vivere, di fare la differenza, di andare contro corrente, di andare a caccia di avventure condivise.

Non mi meriterei l'appellativo di leader se non fossi perdutamente innamorato della mia vision, della mia stella polare. E poi… Come avrei potuto creare quel "piccolo grande mondo" a cui ogni "bigmamiano doc" è orgogliosissimo di appartenere? Sto parlando di roba seria, di cultura aziendale, una delle sfaccettature che più conducono un team a un successo longevo. Da noi, in effetti, si respira profondamente una vera e propria "Big Mama Culture". Sai perché sostengo che questo sia un enorme punto di forza? Semplice. Per il fatto che la cultura aziendale è qualcosa di interno, ma nello stesso tempo viene riflessa anche all'esterno.

Sto parlando di una caratteristica che ci ha sempre permesso di rimanere a un livello alto nel nostro mercato: l'attrattività. Un'azienda che ha una forte cultura aziendale è un'azienda attrattiva. Le persone dall'esterno farebbero carte false per entrar a far parte del team. L'attrattività è davvero fondamentale. Ma come si fa a risultare delle vere e proprie calamite?

Beh, più si lavora bene all'interno e più si finisce per risultare attrattivi all'esterno: è così che arrivano i "top player". I cavalli di razza non si convincono, si attraggono.
La forza del nostro gruppo, forse, è proprio questa. Se si vuol ambire ad avere un'azienda avveniristica non si può pensare di inseguire soltanto i guadagni. È necessario puntare prima di tutto sui propri uomini, esaltando al massimo l'aspetto relazionale. Eh sì, caro mio, è stata dura ma ce l'abbiamo fatta. Tutto stava

nell'agguantare il giusto equilibrio tra creare profitto e vivere una vita che meriti di essere vissuta.

Alt, non dico che sia una passeggiata, anzi, come ho sentito dire a Luca Cresi in un podcast "le aziende rivoluzionarie necessitano di persone ossessionate". Eh sì, i team più efficienti ed efficaci, io li consideri quasi ossessivi.

Intendo dire che serve un livello di impegno ben maggiore a quello che si trova nelle classiche aziende (dove le persone offrono una elevata professionalità, senza tuttavia essere totalmente immerse nel lavoro).

L'ossessione potrà non essere totalmente sana, ma, che lo si voglia o no, è una peculiarità delle grandi compagnie e dei grandi team. Noi siamo un po' ossessionati, lo ammetto. Ma non lo facciamo mica apposta, ci viene naturale. Questo forse è il bello.

In questo capitolo sono partito dall'amore per le sfide impossibili, per arrivare a quelle che definisco le mie due superpotenze in ambito di produttività: la solitudine e la forza del lavoro di squadra.

Ti ho anche rivelato l'importanza di attitudini come il carisma, la leadership o l'entusiasmo, tutte un po' legate al mio incrollabile ottimismo.

Non meno importante l'aneddoto riguardante l'esclusività, vero e proprio fattore differenziante della mia adorata Suite. Ho così completato la panoramica degli insegnamenti presenti nella mia skill-library, aggiungendo quelli che solo l'esperienza e gli errori mi hanno saputo conferire.

Capitolo 5:

Il Metodo Big Mama

Lavorare con i locali non è facile.

Chiunque si sia trovato a lavorare da freelance o da agency con i locali si è reso conto di aver intrapreso un percorso alquanto tortuoso. E pensare che è nei localini dove prendevo un euro a rientro che sono diventato "big". Sì, è proprio dalle piccole cose che il mio progetto originario ha visto la sua genesi.

A volte mi sembra mi rivedermi, un ragazzino quindicenne che girovagava col suo zainetto colmo di flyer e un borsello carico di entusiasmo. Il progetto è poi cresciuto assieme ai miei compleanni. Iniziai a capire che il sapersi relazionare era tutto. Nel 2020, senza quello, non si va da nessuna parte nemmeno se si è un cervellone.

Si possono avere tutte le doti del mondo, ma se manca la capacità di sapersi approcciare con gli altri, tutte queste cose sono vane. Noi Big Mama abbiamo deciso di fare qualcosa di diverso non appena ci siamo accorti di avere tra le mani qualcosa di unico. Ci siamo fermati e abbiamo destrutturato tutto ciò che ci aveva portato al successo nei nostri progetti passati. È nato così il Metodo Big Mama. Roba potente, roba con cui potresti sconfiggere Serse alle Termopili, forse senza nemmeno gli altri 299 spartani.

Abbiamo deciso che presto lo divulgheremo. Proprio così, stiamo infatti preparando da circa un annetto un percorso formativo, un super corso, una vera e propria Academy.

1. I nostri nuovi contratti con i Club

È l'evoluzione che mi ha portato fin qui.

Ricordo bene il giorno in cui, con un semplice post su Facebook, annunciai che avrei smesso di fare l'art director, l'event-manager, e, di lì a poco, avrei stravolto il mio morboso rapporto con il mondo dei club. Oggi non stiamo più semplicemente lavorando sui locali, oggi stiamo costruendo dei veri e propri brand. Contenti i locali, contenti tutti.

Abbiamo stravolto prima di tutto la forma con cui legarci a un club. Ora diamo vita a particolari rapporti di consulenza, che non gravano più minimamente sulle economie del locale stesso. Anzi, aiutiamo gli imprenditori in questione a migliorare i propri business. Non pensare si tratti solo della nostra bravura nell'identificare i problemi interni al club, analizzandoli e dissolvendoli come per magia. Sto parlando di vere e proprie partnership fondate sul totale allineamento degli obiettivi e delle vision. In pratica ora noi ci accontentiamo di guadagnare solo nel caso in cui il locale in questione aumenti sensibilmente i propri introiti. Abbiamo rispolverato il fascino di un accordo economico basato interamente sulla meritocrazia.

Indovina cosa è successo… Eheheh, neanche a farlo apposta hanno iniziato a pioverci dal cielo decine e decine di offerte di collaborazioni: improvvisamente tutti i club sembravano interessati a una consulenza Big Mama. Vuoi sapere la cosa più bella di tutto ciò? Che scegliamo noi con chi collaborare, decidiamo noi gli imprenditori che meritano di essere aiutati e di essere trasformati in veri Avengers del fatturato: questo è un vero e proprio lusso al giorno d'oggi.

Chiaro è che una formula contrattuale del genere risulta del tutto sconsiderata nel caso non ci sia estrema convinzione nei propri mezzi. Se non sei più che sicuro di te stesso, beh, "don't try this at home" come recita il claim del wrestling. Prima che il Covid-19 si abbattesse su di noi, come le cavallette sull'Egitto, avevamo in essere ben nove collaborazioni in contemporanea (peraltro con un tasso di soddisfazione del 100%). In meno di un anno, puntiamo a triplicare queste collaborazioni, grazie ai continui nuovi innesti nel nostro team. Potremo così continuare a scalare il mercato. Questa politica ci consentirà di poter scremare sempre di più i nostri clienti, accettando di aiutare solo ed esclusivamente chi lo merita, chi possiede una vision in linea con la nostra.

Ah, sia chiaro che quando parlo di nuovi innesti in Big Mama, non mi riferisco alle classiche "figure by-night" che modeggiavano un tempo (PR, sbigliettatori, opinion leader o belle ragazze), parlo di veri marketer.

Marketer che, con le nostre digital-skill, ci "alleviamo" in casa, seguendo i nostri percorsi formativi, e soprattutto, secondo la nostra cultura aziendale.

2. Come aiuto un locale oggigiorno

Se c'è una cosa di cui sono sempre stato convinto è che gestire basilarmente un locale sia una cosa alla portata di tutti; molto più difficile, invece, è saperlo gestire in maniera avanguardista. A maggior ragione in un mondo che sembra evolversi alla velocità della luce. Avendo deciso di legare le nostre entrate a effettive impennate di fatturato, potrai facilmente intuire come diventi fondamentale per noi giocare ogni jolly in nostro possesso. Proprio per questo, nel momento in cui scommettiamo su una nuova sfida, lo facciamo apportando al locale in questione il nostro metodo. Il metodo Big Mama è quindi composto dalla nostra intera biblioteca delle competenze, da tutte le nostre strategie di successo, e da tutto il know-how maturato dall'esperienza di ogni membro del team.

Ricordi quando ti ho spifferato negli scorsi capitoli i segreti e le skill che ho avuto modo di imparare in vent'anni di battaglie e peripezie? Ecco, sappi che quando parlo di biblioteca delle competenze, parlo proprio di questo.

Il nostro pittoresco modo di fare storytelling, l'oscura arte del copywriting; il marketing della paura e quello polarizzante; la ricerca dell'esclusività e dell'avanguardia, le nostre doti balistiche di advertising; una comunicazione umana e carismatica o la gestione creativa delle piattaforme social. Ah, stavo dimenticando la nostra classica iniezione di entusiasmo dopaminico.

Oltre a questo ampio ventaglio di competenze, il metodo comprende anche tutte le nostre strategie in ambito digitale e psicologico; in particolar modo quelle che hanno sortito risultati migliori in situazioni simili. Come le "funnel strategies", che permettono di accompagnare i clienti dalla fase di acquisizione contatto a quella di conversione. O come alcune "growth-hacking strategies", volte a sperimentare rapidamente prodotti, target e canali comunicativi per trovare il modo più efficiente per far crescere il club stesso.

Tutte queste competenze e queste strategie derivanti dal nostro laboratorio creativo sono in perenne divenire. Se c'è una cosa che odiamo, è andare a letto la sera senza prima aver imparato qualcosa di nuovo.

3. Strategie di posizionamento

Prima ancora di illustrare a un imprenditore come intendiamo implementare le nostre strategie digital nel suo locale, che immancabilmente risultano arabo, c'è una cosa che facciamo sempre: ci "scorniamo" (a fin di bene) con lui riguardo alla tematica del posizionamento. A tal riguardo ti racconto una cosa curiosa. Pochi giorni prima dello scoppio del Covid ero a Milano, spettatore d'eccezione a un corso del mio amico Andrea Langhi, probabilmente una delle menti più visionarie in circolazione. Mi sono accorto che andava spiegando né più né meno ciò che stavamo predicando noi riguardo al "posizionamento". E poco conta che lui stesse riferendo i suoi ragionamenti all'architettura mentre noi alla pura gestione dei locali, il succo non cambia. "Azz, se anche lui la pensa così, è la controprova. Abbiamo senza ombra di dubbio ragione." – pensai.

Beh, ma lascia che ti spieghi. A chi serve il tuo prodotto o servizio? Chi è che metterà mano al portafogli, per averlo? Per favore… Per favore… Per favore… Togliti dalla testa che il tuo cliente possa essere "chiunque". "Lo compreranno tutti" si tradurrà velocemente in "Non lo vorrà nessuno". A volte, credimi che è una vera impresa riuscire a togliere dalla testa la speranza di poter vendere a tutti.

Prima ancora di poter metter in gioco qualsiasi sorta di strategia, è indispensabile individuare il pubblico di riferimento a cui rivolgersi. I locali generalisti oggi hanno una scarsissima possibilità di successo, aprire una discoteca o un club generalista non ha più senso. Il problema del target nei locali (che tipo di pubblico vuoi che frequenti il tuo club), spesso si confonde con un determinato gruppo chiuso di persone. Giovani, vecchi, ricchi, poveri, uomini, donne, etero, gay, pensando così di escludere tutti gli altri. Questo, il più delle volte, scatena un vero e proprio rifiuto da parte del titolare, che solitamente pensa: "Ma se io impronto il locale solo per questi, tutti gli altri non verranno, e invece io voglio un locale un po' per tutti".

Questo focalizzarsi su una cerchia ben precisa di persone è in generale un modo valido di ragionare, ma l'errore che si fa è quello di considerare il proprio pubblico come costituito solo da un gruppo "omogeneo" di persone. Tutte dello stesso tipo. Nella maggior parte dei casi il pubblico è quanto di più "eterogeneo" esista, ed è composto da una marea di persone tutte diverse.

Cosa allora lo rende interessante per noi? Il fatto che, pur essendo diverse, le persone che lo compongono possano avere, prima o poi, lo stesso "bisogno".
Pensa a te stesso. Una sera vuoi uscire con il tuo partner per una cena romantica. Un'altra sera invece hai voglia di uscire con i tuoi

amici a fare un po' di casino; un'altra sera ancora hai voglia di andare con il tuo migliore amico a fare l'aperitivo in un locale alla moda per fare un po' il figo. Bene. Sei sempre tu. Eppure, ti senti in modo diverso, hai voglia di fare cose diverse e quindi scegli locali diversi, che meglio si adattino al tuo momentaneo bisogno. Se ora provi a guardare questa cosa dal punto di vista del titolare di locali, ti accorgerai che per accontentare i tuoi bisogni, un imprenditore avrà un locale intimo dove fare cene romantiche, un altro avrà un locale dove fare casino magari ballando sui tavoli, un altro ancora avrà un locale alla moda frequentato solo da "fighetti".

E tu puoi scegliere. Attenzione però.
Non ha senso aprire un locale dove puoi fare tutte queste cose insieme. Ed è proprio questo che, a volte, pensano gli imprenditori. "Apro un locale dove si può fare tutto così ci vengono tutti". E sai perché non funzionerebbe? Perché tu da cliente non lo sceglieresti.

Immagina una cenetta romantica con la tua fidanzata, in mezzo a gente che balla sui tavoli, costantemente distratto da un locale pieno di belle ragazze. Eddai. Come minimo ti becchi un "Vaff... Ma in che locale mi hai portato?" Non esiste. Ogni locale ha il suo target. I prodotti e le strategie vanno scelti in modo diverso a seconda del target. Ecco, una volta chiarito che è meglio essere un pesce grosso nello stagno piccolo che un pesce piccolo nello stagno grosso, possiamo iniziare ad applicare i nostri magici stratagemmi digitali. Proprio quelli che tolgono le castagne dal fuoco ai locali quando la situazione si fa difficile, quando tuoni e fulmini piovono sul conto in banca.

4. Strategie psicologiche per aver un locale di successo

Una volta individuato il posizionamento, ossia chi sono le persone a cui puntiamo, bisogna individuare quali sono i loro desideri e studiare i loro comportamenti. Il processo che attuiamo nel nostro metodo, infatti, prima cerca di capire la mentalità dei clubbers a cui ci rivolgiamo, poi struttura una strategia. Tutto il nostro marketing altro non è che psicologia che applichiamo al mondo by-night.

Nella vita di tutti i giorni le persone acquistano ciò che desiderano, non ciò di cui hanno bisogno (come pensano in molti). Non si prende l'ultimo iPhone perché se ne ha bisogno. Lo si compra perché lo si desidera fortemente. Hai presente quella percezione che provi quando compri un'auto nuova e ci esci per la prima volta?

È la sensazione di sentirti più appagato, più apprezzato, più sicuro di te. Lo so che eticamente non è il massimo, ma chetttedevodì? C'est la vie. E di notte è la stessa cosa, vai dove ti senti meglio, il pubblico sceglie un club anziché un altro in base ai propri gusti. Noi, nel clubbing, dovremmo sempre vestire i panni di uno psicologo che legga per tempo in che direzione sta andando il mercato. Eh sì, perché dobbiamo vendere un sogno, dobbiamo vendere il futuro. Ecco a cosa serve la nostra collezione di skill, a prospettare la pura soddisfazione ai desideri del nostro target.

Ora capisci perché dietro al nostro modo di comunicare c'è tanta, tantissima psicologia? Una strategia comunicativa vincente va incontro ai desideri di quello specifico pubblico. Forse è proprio per questo che le nostre attraggono dannatamente, a differenza di quelle di tanti competitor. E non pensare che io lo dica per screditare il lavoro di molti direttori artistici o web-agency.

Noto semplicemente che la stragrande maggioranza comunica in maniera standardizzata, sottovalutando il lato socio-culturale dei clienti a cui si riferisce. Ogni nicchia di persone, in realtà, ha il suo specifico linguaggio. E se non lo si studia approfonditamente come facciamo noi, non si può pretendere di poterlo padroneggiare per creare empatia e connessione con quel determinato target. Ecco perché a volte per spingere un singolo party arriviamo a settare anche una ventina di campagne di ads distinte. Non so se l'hai notato ma i muri generazionali vengono sempre accentuati dal modo di parlare. I nostri genitori ci hanno messo anni a capire il nostro slang e noi già stiamo smettendo di capire quello dei millenial (boomer, boogie, ecc.). Non pensi che i fan di Sfera Ebbasta abbiano uno slang totalmente differente dalla tribù degli house-lovers? O ancor di più dai techno-warrior più incalliti?

In questo capitolo ti ho voluto raccontare un po' del metodo Big Mama, di come possa impattare sulle economie di un locale, e di quanto sia in continuo rinnovamento. Dopo aver analizzato la fase di posizionamento di un club, ti ho descritto i pilastri del metodo stesso: le nostre skill, le nostre strategie e la nostra esperienza sul campo.

Infine, ti ho menzionato la potenza della psicologia applicata al clubbing, i cui processi si dividono in quattro fasi, quelle stesse fasi che mi sono state insegnate nel lungo percorso formativo del gruppo "Marketers". In sostanza si parte individuando i desideri, oltre che le necessità, del target scelto, per poi entrare nella fase di "awareness"; qui si inizia a veicolare una carrellata di contenuti (seguendo un piano editoriale) che riflettano i valori del brand. Segue la fase in cui è bene guadagnarsi autorità, rispetto e fiducia, e infine si passa alla fase di vendita, in cui si deve pensare a come fronteggiare le obiezioni e le paure del nostro pubblico. La comunicazione è semplicemente l'esteriorizzazione di pensieri, intenzioni e conclusioni riguardanti le varie mission aziendali.

"Dalla pienezza del cuore parla la bocca, e la tastiera". Mi sembra che il primo pezzo lo dicesse il più grande comunicatore di tutti i tempi, Gesù di Nazareth.
Questi stimoli interni sono gli elementi di differenziazione tra i leader di oggi e le semplici sanguisughe della comunicazione che si trovano in giro oggigiorno.

Capitolo 6:
Dalla community Clubbers all'Academy

E se nell'ultimo decennio il mondo della notte avesse perso la giusta direzione? La nightlife è stata accecata dall'individualismo, da uno spirito non cooperativo e addirittura dall'infamia. "Mors tua vita mea" è diventato un dogma. Le rivalità hanno superato le alleanze. Per anni, anziché far gruppo, far quadrato, far sistema, siamo stati antagonisti.

Tra noi abbiamo innalzato muri, drizzato inferriate e cancelli blindati, non capendo che ci stavamo costruendo nient'altro che un carcere. Per oltre un decennio non abbiamo fatto altro che difenderci da chi faceva il nostro stesso mestiere. Grafici, dati e trend confermano che, per come stavano andando gli affari nel by night, beh, forse anche senza coronavirus, saremmo finiti al tappeto.

La verità è che ci siamo impegnati in una costante guerra interna verso qualcosa o qualcuno. Che sia per le supremazie, per le smanie di voler predominare a tutti i costi o per il nostro ego smisurato poco importa. In realtà mi sa che fino a ora siamo stati in guerra solo contro noi stessi. È questo convincimento che mi ha portato a volermi tirar su le maniche e far qualcosa per la "Notte", per quel mondo al quale appartengo con orgoglio, e che mi ha dato davvero tanto. L'abbiamo munto e saccheggiato, reso impuro e perverso. l'abbiamo corrotto e trasformato in un enorme contenitore di marciume e scarti di un sistema impegnato a produrre, lucrare e sragionare. Perché tutta questa disaggregazione? Perché?

C'è una movida notturna bistrattata che ci urla con voce sempre più forte la sua disperazione per essere così irragionevolmente martoriata. E a martoriarla sono tutti quei nottambuli di professione per cui pare contare solo e soltanto il Dio denaro.

E allora ci andrebbe un "nuovo manifesto del clubbing". Meno competizione, più condivisione. Meno infamia più empatia. Meno sotterfugi più collaborazione. Meno performance più ascolto, meno distrazione e più consapevolezza. Meno vittimismo e più formazione.
Sentivo di dover far qualcosa. Subito non sapevo che cosa, ma non potevo di certo star a guardare andare a rotoli il paese dei balocchi.

Era evidente che per mutare le cose dovevo cominciare da me stesso e, per cominciare da me stesso, dovevo partire dal mio cuore. Così ho fatto. Sentivo il bisogno di rimettermi in gioco per l'ennesima sfida, di scendere dal letto la mattina col coltello fra i denti, di affrontare nuovi ostacoli e nuove problematiche, di ripartire dalla formazione, dal "learning". Per me è come vivere da protagonista la genesi dell'universo. Dopotutto nel mio cuore ribollivano due passioni completamente distinte tra loro: le sfide notturne e sua maestà il marketing, con cui sentivo di aver un piccolo un conto in sospeso.

"Si crea qualcosa di magico e incredibile ogni qual volta si riesca a unire due mondi distinti" – diceva il vecchio Church.

1. La community

La fusione, apparentemente improbabile, di marketing e club culture, mi ha condotto verso un grandioso progetto formativo: Clubbers. Una realtà nata da un mio debito di gratitudine nei confronti della notte. Sì, un debito, maturato dalla condivisione di momenti impareggiabili con persone inimitabili, che mi hanno reso l'uomo che sono.

Se il mondo della notte mi ha celebrato, conferendomi un'autority di cui vado molto fiero, il mio intreccio amoroso col marketing è invece passato più in sordina. Qui mi tocca aprire un altro "momento-confessione". Mi avvicinai al marketing molto giovane, prima ancora di studiarlo all'università (quel marketing è quello che non serve, come già ti ho detto). Negli anni ho studiato per conto mio tutto e di più, mi riferisco a decine e decine di corsi online dei più blasonati docenti al mondo. Ho poi iniziato a sperimentare tutto quello che avevo imparato studiando online, e diverse piccole aziende, come per magia, sono decollate. È lì che ho iniziato a prender coraggio. Le mie strategie funzionavano a meraviglia, in ogni ambito.

Non era importante se le applicassi a un ristorante, a una palestra o a una piccola pasticceria: i risultati parlavano chiaro.
Era il 2017 quando presi la decisione. Volevo farmi un nome, trovare nuovi clienti e costruirmi una mia strada nel mondo del marketing, parallela a quella del clubbing. Sentivo di valere anche in quel settore. Ben presto, però, mi scontrai con la dura realtà: il giudizio della società.

Nella mente di tutti, amici, conoscenti e anche clienti, ero un "discotecaro" e nulla di più.

Ed è proprio qui che scattò qualcosa dentro di me. Non sopportavo l'idea di avere un'etichetta stampata sulla fronte, un nervoso, con pedigree, mi stava letteralmente divorando. Mi sentivo pronto a tutto pur di dimostrare al mondo che non ero solo uno che sa far girar i locali, che non ero solo un abile oratore, ma anche un marketer cazzutissimo.

Ti ho annoiato con questo excursus perché, è a questo punto, che improvvisamente mi si accese una lampadina: Clubbers poteva essere una doppia opportunità per me. Da un lato avrei dato "anima e core" per migliorare il settore dell'intrattenimento, dall'altro avrei potuto avere la mia rivalsa personale a livello di digital-marketing. Sì. Finalmente avrei potuto dimostrare il mio valore.

2. Cos'è Clubbers

Oggi ho una risposta per tutti quelli che ogni tanto ancora mi chiedono cosa sia Clubbers. È una zona franca, un "place to be" che ho plasmato sgobbando come pochi. È un ritrovo virtuale destinato a diventar dimora per ogni "nightclubber" in cerca di aiuto, di formazione, di supporto e di condivisione spassionata.

Nessuno prima d'ora s'era mai sognato di svelare e mettere a disposizione dell'intero settore i propri preziosi segreti. Clubbers, infrangendo questo muro, ha sdoganato il propagarsi dell'informazione e quindi della formazione. Unico dictat: dare valore al mercato, migliorandolo attraverso la distribuzione di contenuti utili. Questa community forse è la mia opera magna, la più esaustiva risposta alla miriade di domande ricevute in questi anni. Ricordo ancora quando iniziai a ricevere messaggi o mail, sempre più frequenti, da ogni zona d'Italia. Mi si chiedevano pareri, consigli, supporti, ecc.

"Ale cosa ne pensi di questo progetto?" – "Ma non fai stage formativi o corsi?" – "Posso venire a lavorare gratis per imparare?" – queste sono alcuni dei messaggi di "S.O.S" che ricevevo ogni giorno. Mi sono allora tuffato nei miei vent'anni di esperienze meravigliose per ricercare un percorso da condividere con chi fosse meritevole. Con tutti quei giovani, quegli imprenditori e quei professionisti che mi hanno seguito in questa avventura.

Ripenso spesso al giorno del grande lancio. Dopo mesi di attesa, la sera del 22 Settembre 2019, alle ore 22:22, la community fece capolino online. Stavo tornando da San Siro. Inter-Lazio. Io e il mio amico Celletti avevamo i biglietti per godercela dai distinti. Ricordo ancora il goal di D'Ambrosio con cui l'abbiamo portata a casa per il rotto della cuffia. Poco dopo ero in macchina, le mani tremavano sulla tastiera dell'iPhone, continuavo a ricaricare la pagina.

Penso di aver riprovato poche volte un'emozione così.

Negli ultimi anni ho centrato diversi bersagli, ma la prima volta che ho lanciato un mio prodotto "online" resterà per sempre tatuata a caldo nella mia memoria.

Avevo studiato come un pazzo, eppure, se ti devo dir la verità, me la facevo sotto, temevo di non farcela. Su quella montagna russa di emozioni passai dal voler mollare tutto al voler urlare "il mondo è mio" in stile Aladdin. Dopotutto per me la fusione tra marketing e nightlife aveva questo sapore: mettersi alla prova, azzardare, convivere con il rischio e uscirne in qualche modo un uomo migliore.

In pochi minuti la community registrò quasi 300 richieste d'iscrizione, il mio iPhone era rovente. Di lì a poco Clubbers non stentò a diventare una figata galattica. Mi accorsi che non solo stavamo in qualche modo facendo del bene per il mercato notturno, ma stavamo addirittura dando vita a un vero e proprio movimento. Un movimento di professionisti, di gestori, di artisti, di PR, di imprenditori non solo interessati alla formazione che offriva la community stessa, ma che iniziavano a relazionarsi e a collaborare tra loro. "E se questo fosse l'inizio di una rivoluzione settoriale a sfondo culturale?" – "E se questo fosse il mio sogno che si sta avverando?" – mi domandavo.

È strepitoso sapere che, presto, in ogni zona dello stivale, dei giovani clubbers potranno riunirsi e confrontarsi liberamente riguardo alle proprie idee (e, ovviamente, lo stesso vale per gli imprenditori non di primo pelo).
Condivisione, unione, libertà, what else?

Sarà il coronamento di un sogno quello di rendere quella del "clubber" una vera professione, dandole inizialmente in Italia la il giusto riconoscimento. Un giorno, sarà un onore poter dire "Io lavoro di notte!"

3. Clubbers diventa anche una Academy

Posso dir di aver vissuto circa 3.000 serate in prima linea in ogni parte d'Italia. Se le avessi vissute nello stesso club o nella stessa zona geografia, ti assicuro che non sarebbe stata assolutamente la medesima cosa. Sono stato un privilegiato ad aver potuto toccare con mano scuole di pensiero diverse, metodi di lavoro diversi, trucchi del mestiere diversi, mentalità e mindset diversi.

Tuttavia, ho notato e accertato una carenza, un denominatore comune che restava costante in ogni area geografica. Man mano che PR, organizzatori, gestori, artisti mi stringevano la mano, mi rendevo conto che la maggior parte di loro, più che di lezioni teoriche, avevano necessità di imparare. Imparare un vero e proprio "metodo" di lavoro, al passo coi tempi. Imparare ad approcciarsi, ad avere contatti e relazioni, a comunicar con il loro pubblico.

Sostanzialmente questa mancanza c'è sempre stata, eh sì, non pensare che un corso del genere non mi sarebbe potuto esser d'aiuto mentre muovevo i primi passi nel magico mondo della notte…

Cavolo, avessi potuto avere un vademecum che mi mostrasse la via sarebbe stato innegabilmente meraviglioso. Avere a che far con la gente è un problema grosso per chiunque ma ancor più per quelli come noi, che hanno legato i propri business al clubbing.

Come abbiamo visto nel capitolo dedicato al carisma e alla leadership, ormai nelle professioni più "sociali" per guadagnare oltremodo non è sufficiente solo un buon know-how settoriale. Sono necessarie anche attitudini umane meno tecniche come la personalità, la capacità di influenzare la gente o di sviluppare un proprio metodo lavorativo. Ho avuto modo di vedere decine di dj preparatissimi, veri fenomeni, avere pochissime serate e sottopagate. Ho altresì visto dj che tecnicamente lasciavano il tempo che trovavano, ma che, grazie alla loro capacità di relazionarsi col prossimo, hanno fatto strada.

Su una cosa non ci piove: chi, oltre a possedere una buona skill-library, è in grado di esprimere le proprie idee, di gestire i rapporti umani di sprigionare carisma, di suscitare entusiasmo tra i collaboratori, si candida alla regia delle leve del potere.

Spesso oggigiorno la parola "PR" ha quasi una connotazione negativa, in realtà, le relazioni pubbliche vere e proprie erano, sono e resteranno alla base di ogni brillante carriera.

Sarebbe opportuno che tutte le università del mondo sviluppassero percorsi formativi per permettere di acquisire e padroneggiare questa capacità. E invece, nada. Ormai immagino tu abbia capito cosa penso riguardo all'educazione scolastica e universitaria… A che serve imparare nozioni obsolete che, con ogni probabilità, non serviranno a nulla nella vita reale? C'è un libro di Dale Carnegie, a tal riguardo, "How to win friends and influence people" che seppur sia del 1936 risulta ancora estremamente attuale, in quanto i rapporti umani poggiano su principi immutabili nel tempo. È uno di quei libri che ti possono cambiare la vita. Per me è stato davvero illuminante. Nell'epoca dell'iperconnessione è palese che si possa avere qualunque informazione a portata di click, e apprendere in maniera autonoma non è mai stato così facile.

In ultimo, questo lockdown da pandemia che ci ha travolto qualche mese fa non ha fatto altro che velocizzare il processo, avvicinando un sacco di persone al mondo digitale. E questo ha fatto sì che la formazione online si consacrasse e diventasse indubbiamente la scelta più saggia. Per chi ama l'arte del clubbing, un corso del genere non è mai esistito, né sul mercato editoriale né online. Ho deciso di farmi carico io di quest'enorme fardello.

Ed è proprio così che, a partire dalla semplice community Clubbers, ci apprestiamo a inaugurare un nuovo ramo d'azienda, un ramo dedicato alla pura formazione, "Clubbers Academy". La scintilla che mi ha dato l'idea è arrivata dalla community stessa. Nei primi mesi, infatti, ci è stato domandato da diversi membri il motivo per cui non facessimo dei veri e propri corsi. Niente male come idea, anche perché, detto tra noi, il progetto prima o poi avrebbe riscontrato un'incongruenza a livello economico. Quante volte, del resto, l'architetto Barci mi aveva ribadito l'importanza della "sostenibilità" in un progetto, eheheh. Beh, non so se lo sai ma stiamo lavorando a questo progetto dallo scorso novembre. In teoria la data di lancio della Academy sarebbe stata fissata per Marzo 2021 ma, complice lo stop forzato "da coronavirus", credo riusciremo ad anticipare di qualche mese, direi Dicembre 2020.

La Notte mi ha dato tanto, tantissimo. Ora non potevo più restar con le mani in mano. Mi dovevo sdebitate. Ecco perché, in questa fase, investirò tempo, denaro e fatica per riuscire a far ciò che devo. E non m'importa se per farcela dovrò studiare giorno e notte per mesi, sento di dover raggiungere questo obiettivo e basta.

Devo riuscire a stendere e implementare ogni possibile idea che possa servire in futuro a un vero clubber per esercitare la propria influenza sugli altri. Non sarà facile ma devo riordinare e dar forma a ogni possibile contenuto e trucco del mestiere che un clubber possa poi usare per implementare un proprio "metodo" di lavoro. Già dopo le prime settimane di vita della community, ottenni tutte le conferme di cui necessitavo. Per prima cosa i membri iniziarono a sentirsi parte di qualcosa. E poi sempre più imprenditori, professionisti, artisti, PR e altri addetti ai lavori, si dimostrarono entusiasti di interagire in quel nuovo laboratorio. Sì, devi sapere che Clubbers è un laboratorio, il primo creato ad-hoc per curare in via sperimentale il cancro del nostro settore: la "disaggregazione".

Non voglio ripetermi ma, tra metaforiche "coltellate" alle spalle di colleghi e machiavelliche strategie di boicottaggio politico, l'industria del divertimento ha davvero rischiato grosso.

Questa, ormai, era una jungla. Per uno col mio carattere, era d'obbligo fare qualcosa: sarei potuto rimanere spettatore di fronte a questo meccanismo logorante, oppure ribellarmi.

Ho scelto di combattere vis a vis le piaghe di questo sistema. Ho scelto di farlo con lealtà, entusiasmo e spirito di gruppo. È incredibile come un'aggregazione di pochi nottambuli resilienti si sia trasformata in poco tempo un vero movimento. I tecnicismi e il metodo che insegneremo in questa Academy non sono arzigogoli teorici che lasciano il tempo che trovano. Funzionano.

Può sembrare incredibile, ma il semplice ispirarsi a queste regole, la semplice applicazione di questi metodi, hanno spesso scombussolato in maniera proattiva la vita di parecchi clubbers. Sto parlando di decine e decine di miei adepti che, in tutti questi anni, ho avuto il piacere e l'onore di formare. Tantissime sono le testimonianze viventi, veri "night-lovers" che hanno saputo impennare i propri business applicando questo metodo.

Qualcuno è anche riuscito a ottenere i contratti che inseguiva da anni. Lorenzo, uno dei miei più fidati collaboratori, ad esempio, si trova tutt'ora a dirigere un locale fighissimo a Sanremo, in piena espansione. Mai e poi mai l'avrebbe immaginato quando, con la sua encomiabile voglia di imparare, si approcciò per la prima volta a me.

Adoro poter constatare negli occhi di alcuni elementi l'espressione incredula e sbalordita per i notevoli risultati ottenuti. Come se ci fosse un non so che di misterioso e inspiegabile. Mi viene in mente un altro aneddoto. Un altro mio allievo, travolto da una forma acuta di entusiasmo, mi ha chiamato in piena notte per raccontarmi i suoi primi risultati. Ebbene sì, ora possiamo dire che Alex è diventato un marketer davvero fenomenale. Siamo talmente sicuri di ciò che predichiamo che, nella prefazione del corso, mi sa che spiattelleremo questa dicitura: "Se dopo qualche lezione non sarai soddisfatto o non ti sentirai un clubber migliore nell'affrontare le problematiche del tuo progetto, del tuo club… allora giudicherò questo corso un flop totale e te lo rimborserò". Perché come diceva il mio amico Walt, "per iniziare, bisogna smettere di parlare e passare all'azione". E questa, è una Academy d'azione.

Conclusione

Perché in questo libro ho deciso di condividere parte dei miei segreti? Semplice. Credo ognuno debba concorrere a rendere il proprio mercato di competenza un posto migliore. Adoro insegnare perché spiegare le cose significa capirle ed essere il primo a volerne imparare di nuove. Aiutare gli altri, soprattutto chi ha una passione in linea con la mia, mi fa stare bene, mi dà soddisfazione e orgoglio.

Come se non bastasse la condivisione di informazione mi permette anche di conquistare la fiducia o la stima di un ipotetico potenziale cliente, insomma, credo mi possa far acquisire anche autority. Sono sincero, non mi aspetto assolutamente nulla in cambio, nemmeno un semplice "grazie". Lo faccio perché mi va e, ripeto, mi fa sentir a posto con la coscienza.

Sì, perché secondo me chi fa impresa non deve tenersi segreti, deve mettere a disposizione di tutti le proprie scoperte.

È proprio per questo che, nella generazione della superficialità, ho scelto di essere un apostolo della profondità. Oggi siamo di fronte a una grossa opportunità ma, è solo con l'unione tra imprenditori, è solo facendo quadrato, è solo favorendo il tam-tam informativo tra professionisti, che possiamo sperare di ritrovare la retta via. Altrimenti quella notte che ci ha ospitato, sfamato e coccolato come figli, quella notte che ci ha deliziato con milioni di incantevoli albe, potrà solo tramandare le mostruosità di quei "finti-clubbers" che senza rispettarla, l'hanno profanata. L'unica cosa che per importanza è al pari della condivisione libera di informazione è la formazione d'avanguardia.

Ed è per questo che oltre alla community Clubbers stiamo appunto dando vita alla Academy di cui ti ho accennato prima.
Aiuteremo chi parte da zero, ma non solo.
Ci saranno vere e proprie "masterclass" per quegli imprenditori che ambiscono ai massimi, per quei professionisti che non si accontentano. Questa Academy sarà un autentico e portentoso acceleratore.

Gli iscritti potranno risparmiare tempo, risorsa preziosissima nella fase di acquisizione di competenze, e mindset. Potranno bruciare le tappe evitando quelle migliaia di ore di studio e implementazione necessarie per arrivare a padroneggiare tutto ciò. È un sogno che si realizza per me poter osservare veri clubbers che si sottraggono dal percorso prestabilito dalla società per intraprendere sentieri non ancora battuti, in linea la loro grande passione. Questo è il mio sogno, un sogno che ovviamente non è per tutti, ma sicuramente è per chi entrerà a far parte di questa sorta di "università notturna". Di me si dirà che ero figlio del business ma, invece, sono figlio della notte.

Se ti è piaciuto questo libro e hai piacere ad entrare in contatto con me, puoi trovarmi qui:

info@alebigmama.it

www.alebigmama.com

www.facebook.com/alebigmama

www.instagram.com/alebigmama

Youtube: Ale Big Mama

Telegram: @alebigmama

Ringraziamenti

Cinque lettere: "grazie".

Cinque lettere che dedico a tutte quelle persone che mi hanno saputo ascoltare, che hanno saputo fidarsi di me.

A tutte quelle persone che mi hanno aiutato nel mio percorso, che mi hanno insegnato l'autenticità che amo e quel "preferirei di no", grande segno di maturità. Parlo sia di quelle persone che dopo essere entrate sono anche uscite dalla mia vita, sia di quelle che, invece, hanno deciso di rimanerci.

A tutti gli amici di Marketers che quattro anni fa mi hanno preso per mano, avviandomi verso quella che sarebbe stata la creazione del mio personalissimo mondo, insegnandomi l'importanza di essere "chi voglio essere" piuttosto che la fatica di essere "chi devo essere".

Bibliografia

AA.VV., *Metodo marketers*, Marketers Company Srl, Via Montenapoleone 8, Milano, 20121, Edizione 2019, pp 31-107

BELMONTE F., LEGA J., SPALLACCI R., *Cocoricò 1991-1992: È amore o follia?* Amphibia, pp 1-4

CARNAGIE D., *How to win friends and influence people*, nuova edizione a cura di Marina Marazza, Giunti Editore, pp 1-29

CLEMENTE M., *Italo House Story: The documentary on history of House Music in Italy.* 2009

IZZO A., TARLI T., *Italian nightclubbing: Deliri, follie e rock'n'roll negli storici club del Belpaese*, Lit Edizioni Srl, Via Isonzo 34, 00198 Roma, I Edizione Ottobre 2015, pp 11-70

GALLO C., *Comunicare come Steve Jobs e i migliori oratori degli eventi TED: I 9 segreti di un discorso vincente*, Antonio Vallardi Editore, Gruppo editoriale Mauri Spagnol, 2014, pp. 43-62

MONTEMAGNO M., *Lavorability*, Prima Edizione Gennaio 2020, The Tech Alchemist srl, pp 17-105

SARTORIO A., *Il mercante di utopie: La storia di Oscar Farinetti, l'inventore di Eataly*, Sperling & kupfer Editori Spa, 2008, pp. 1-209

www.ingramcontent.com/pod-product-compliance
Lightning Source LLC
Chambersburg PA
CBHW071614150726
48000CB00004B/1721